AF451663

RÉCITS HISTORIQUES

ET

LÉGENDAIRES DE LA FRANCE.

RÉCITS
Historiques et Légendaires
DE LA FRANCE;

Cette intéressante collection s'enrichit constamment de nouveaux volumes.

Il fut pendu haut et court et tout fut dit.

NANTES

ET

LA LOIRE-INFÉRIEURE

Vieilles Légendes et Récits nouveaux;

Par Léonce DE LA RALLAYE,

Rédacteur du *Monde*.

PARIS   LEIPZIG

LIBRAIRIE DE P. LETHIELLEUX,   L. A. KITTLER, COMMISSIONNAIRE,

Rue Bonaparte, 66.   Querstrasse, 34.

H. CASTERMAN

TOURNAI.

1864

NANTES

ET

LA LOIRE-INFÉRIEURE.

CHAPITRE I.

Où l'on voit à quoi servent les femmes d'esprit dans les discussions
qui menacent de dégénérer en disputes.

— Croyez-moi, mon cher neveu, le bon vieux
temps valait bien le nôtre. Que dis-je? il valait cent
fois mieux. Il l'emportait, à coup sûr, en droiture, en
générosité, en poésie aussi et en *pittoresque,* pour me
servir du pitoyable jargon de nos jours. Oui, ces an-
tiques châteaux, ces cathédrales gothiques, ces abbayes
grandes comme des cités, qui s'élevaient au centre de
domaines vastes à l'égal de nos cantons actuels, ces
ruines romantiques, ces costumes aussi riches que
variés, ces légendes traditionnelles, ces cérémonies
féodales, le bruit même des armes, et les querelles
incessantes des suzerains et des vassaux, les décisions
des cours d'amour et des cours de justice, la Chevalerie

enfin, et l'Eglise, pour résumer en deux mots cette
grande époque que l'on nomme le moyen âge, tout
cela, et mille autres choses, jetait sur la vie de l'homme un charme sans cesse renaissant dont le train
prosaïque de nos affaires quotidiennes ne peut donner
une idée.

— Tout cela, et mille autres choses, mon cher oncle,
c'était fort beau, sans doute. Toutefois, permettez-moi
de vous faire observer : *Primo*, qu'à l'époque dont il
s'agit, les châteaux dont vous vénérez l'antiquité actuelle, étaient généralement de construction récente, et
que le lierre qui les pare ainsi que les crevasses qui
les défigurent, selon moi, mais qu'il est permis à
d'autres d'admirer, faisaient alors défaut. A plus forte
raison, il n'existait point encore de ces ruines mélan-
coliques qui font si bien dans un paysage, et dont la
vue évoque une foule de souvenirs plus ou moins
nuageux. *Secundo,* les cérémonies, très-originales, sans
contredit, pour des yeux du XIXᵉ siècle, n'avaient point
pour ceux du XIVᵉ l'attrait de la nouveauté ni le piquant
de l'imprévu. Si l'éclat n'était point banni des costumes
du temps, non plus qu'une certaine grâce, la bizarrerie et le mauvais goût venaient souvent tout gâter.
Rappelez-vous ces fameux souliers à la poulaine dont
la pointe remontait presque à la hauteur du genou.
N'était-ce pas souverainement ridicule ? A distance, les
teintes criardes s'adoucissent, l'harmonie des tons repa-
raît. On est, d'ailleurs, le maître de détourner ses

regards de ce qui déplaît et de porter uniquement son attention sur ce qui sourit. Bref, le moyen âge me paraît, en somme, plus curieux.et plus beau à voir de loin que de près. Quant à la guerre, ne me parlez point de cet horrible fléau. Son image est aussi laide à cent lieues de distance que quand on peut la toucher de la main. Son fantôme seul me fait frémir. Et j'appelle de tous mes vœux, je saluerai de mon plus vif enthousiasme le jour trois fois béni qui verra disparaître cette horrible invention de la tyrannie, ce jour où s'inaugurera l'ère heureuse de la fraternité universelle et perpétuelle des peuples.

— Ta, ta, ta.... Monsieur le *progressiste*, je crois que les lauriers des membres du congrès de la Paix vous empêchent de dormir. Que vous connaissez peu la nature humaine, si vous croyez que les conflits qui ne peuvent cesser de surgir entre les nations, qu'elles soient assujetties à des monarques ou régies suivant le système républicain, se videront un jour par un autre moyen que celui de la guerre! Imaginez-vous un tribunal arbitral et suprême, placé au sommet d'une organisation hiérarchique qui relierait tous les descendants d'Adam sans exception? Soit! mais qui est-ce qui ferait exécuter ses décisions? La force apparemment. La force c'est toujours la guerre. Seulement dans l'hypothèse où tous les peuples ne formeraient plus qu'un seul empire, au lieu d'une guerre internationale, nous aurions une guerre civile avec les horreurs privilégiées qui l'accompagnent d'ordinaire, à moins toutefois que vous n'investissiez le souverain chargé de dicter la loi à la communauté, d'une puissance assez grande pour écraser sur-le-champ toute résistance. Et alors, monsieur le logicien, prenez garde! Quelle épouvantable tyrannie déchaînez-vous sur la race humaine tout entière! Songez-y bien! dans l'état actuel des choses, il y a encore un refuge contre l'abus possible du pouvoir. On peut fuir, on peut s'exiler. Que l'on passe la frontière, et l'on se met à l'abri des soupçons et des vengeances. Que si l'on ne trouve pas dans ce nouveau séjour une sécurité complète, on peut s'éloigner davantage. La terre est vaste, et toutes les parties des continents n'ont point encore été explorées. L'autorité, d'ailleurs, par cela même qu'elle se sent limitée, qu'elle a devant les yeux des puissances rivales, est circonspecte, et forcée de se montrer bienveillante. Mais créez un roi du monde, un monarque, omniarque ou *unarque,* comme l'appelle Fourrier, omnipotent et sans appel, qu'il n'y ait pas un petit coin du globe où la longueur de son bras ne puisse atteindre, vous verrez ce que deviendront ces libertés modernes dont vous êtes si fier, mon cher neveu, et vous jugerez si ces franchises du moyen âge, dont vous faites fi, n'avaient point leur bon côté.

— Permettez, mon oncle, nous aurions des assemblées, et....

— De grâce, Messieurs, interrompit un troisième

interloculeur (qui, par parenthèse était une interlocu-
trice), ne vous avisez point de vous lancer dans le
politique. Ce serait le moyen de vous placer à l'anti-
pode l'un de l'autre. Pour ma part, j'en serais désolée,
d'autant plus désolée que, si je ne me trompe, vous
n'êtes point du tout éloignés de vous entendre. L'accord
est presque fait.

— Oh! par exemple!...

— Je serais curieux de savoir....

— Voyons! mon frère, reprit la voix conciliatrice,
en s'adressant au défenseur du bon vieux temps, vous
qui goûtez si fort l'époque où ont vécu nos devanciers,
ce qui vous plaît dans ces âges lointains, n'est-ce point
surtout, pour rappeler vos propres expressions, ces
franchises locales, ces priviléges de corps et de commu-
nautés qui multipliaient, en quelque sorte, la vie
sociale au lieu de la concentrer sur un seul point qui
l'absorbe aux dépens du reste?

— Sans contredit, ma sœur.

— Et toi, mon cher enfant, ne vantes-tu pas, dans
l'ère actuelle, ce que tu appelles les progrès de l'indépendance et de la spontanéité individuelle?

— Assurément, ma mère.

— Eh bien! vous voyez que vous êtes tous deux du
même avis; car l'un et l'autre vous aimez une sage
et honnête liberté. N'est-il pas vrai? ajouta madame
Ardant en lançant tour à tour aux deux adversaires
un coup d'œil rapide et amical.

— C'est très-vrai, c'est très-vrai, répondirent-ils d'une même voix.

Cet aveu lâché, ils ne purent s'empêcher de rire en notant le concert qui venait de s'établir entre gens prêts à se disputer *mordicus* une minute auparavant.

— Je poursuis ma démonstration, reprit madame Ardant : mon frère raffole du moyen âge, parce qu'il y voit la réalisation de son idéal de noblesse et de grandeur d'âme. Mon fils plaide pour les temps actuels qui, suivant lui, ne le cèdent pas à ceux qui les ont précédés en exemples de désintéressement ou de dévoûment sans réserve à une idée généreuse. D'où je conclus que vous vous accordez l'un et l'autre à mettre au-dessus de tout la pratique austère du devoir et le culte chevaleresque du bien.

— A merveille ! firent les deux contendants devenus subitement avocats d'une même cause.

— Enfin, Messieurs, vous n'êtes point sans faire quelques sacrifices à la forme, à l'extérieur. Des dehors agréables vous séduisent. En d'autres termes, les belles choses, non pas seulement les choses utiles, vous font plaisir à voir. Les nobles ruines, les solitudes champê-tres, le mouvement un peu confus, mais plein de vie des grandes cités, les monuments grandioses, les toiles où de grands maîtres ont déposé l'expression enchan-teresse de leur pensée, produisent sur vous une impres-sion aussi agréable que puissante. Ce n'est pas moi qui m'en affligerai. Qu'il serait triste à habiter cet univers, si les charmes variés et inépuisables dont il a été revêtu par la volonté du Créateur, venaient à lui être ravis par une main jalouse! Fi du laid et du prosaïsme! Cherchons, en premier lieu, sans doute, le royaume de Dieu et sa justice, c'est-à-dire, observons avec une inviolable fidélité les préceptes de la morale céleste que l'Evangile nous révèle. Mais tout en soupirant après le jour qui verra finir la lutte que nous sommes condamnés à soutenir depuis notre premier pas dans la vie, il ne nous est pas défendu d'embellir le lieu de notre exil, encore moins de contempler d'un œil reconnaissant ces merveilles que la main libérale du Très-Haut (comme je le disais à l'instant) a semées avec profusion sur la scène du monde. Je dis plus. Les grandes choses que le génie de l'humanité a produites, pyramides égyptiennes, basiliques du moyen âge, villes flottantes et locomotives rapides de nos jours, ont droit à notre admiration respectueuse. Car le génie est encore un don du Tout-Puissant, et en s'inclinant devant l'homme, on s'incline devant son auteur.

— On ne saurait mieux dire, et nous souscrivons l'un et l'autre à ces judicieuses observations. Toutefois, une question nous divise, et c'est celle de savoir....

— Oh! je sais ce que vous allez dire. Vous êtes d'accord, n'est-ce pas? sur le fond des choses. Vous pensez absolument de la même façon sur ce qui est vrai, sur ce qui est beau, sur ce qui est bien. Mais vous différez d'avis quand il s'agit de déterminer à quelle

époque le vrai a été parfaitement connu, le beau inti-
mement goûté, le bien exclusivement pratiqué. Croyez-
moi, Messieurs, en nul temps ces choses n'ont exercé
l'empire absolu qui leur appartient légitimement.
Mais, à tous les âges, le culte qu'elles méritent a eu de
nombreux et sincères sectateurs. Au lieu de fouiller
chaque époque avec un esprit chagrin pour en étaler
au grand jour les faiblesses, les ridicules et les vices,
ne serait-il pas préférable de l'étudier avec une sereine
bienveillance, pour en révéler les généreux instincts et
les nobles aspirations? Partout et toujours on rencontre
le bien mêlé au mal. Je déteste cordialement le mal,
et c'est précisément parce que je le déteste que je
ferme les yeux pour ne pas le voir.

— Vous ne l'empêchez pas pour cela d'exister.

— Je le sais. Mais j'aurais beau le considérer de
toutes mes forces, je ne le supprimerais pas non plus.
J'en conviens : il est quelquefois nécessaire de fixer ses
regards sur des spectacles peu agréables, afin d'étudier
le mal et de chercher à en prévenir le retour. C'est
surtout l'œuvre des hommes qui président aux destinées
des nations ou de ceux qui les préparent, des hommes
d'état ou des publicistes. Mais comme le ciel ne m'a
point placée à un si haut poste, je me contente de
donner la préférence à ce qui la mérite. Pour en revenir au sujet qui nous occupe, vous, mon frère, faites-
nous aimer le moyen âge, en nous le montrant sous
ses aspects les plus séduisants. Racontez-nous quelques-

unes de ces vieilles légendes locales qui vous sont si familières. Et toi, mon fils, prends la défense d'époques plus voisines de nos jours, par des narrations où tu déploieras toutes les ressources de ta rhétorique. Cet exercice te fera repasser ton histoire et formera ton style. Double avantage qu'il ne faut pas négliger.

— A mon tour de placer mon mot, dit en cet instant un quatrième personnage que nous n'avons pas encore introduit, mademoiselle Edmée, fille de madame Ardant, et sœur d'Alfred, ce partisan enthousiaste des temps modernes. Très-certainement, nous comprendrions bien mieux, et nous goûterions plus vivement les récits de ces Messieurs, s'ils pouvaient les faire sur les lieux mêmes où se sont passés les événements. Il y a longtemps que nous avons conçu le projet de visiter notre département. Voilà une belle occasion de le réaliser. Les voyages forment l'esprit, dit-on. Nous gagnerons d'autant plus que nous avons d'excellents cicérones, des cicérones qui se mettront en frais pour nous intéresser et pour triompher l'un de l'autre. Et puis, il y a tant de plaisir à voir du nouveau, surtout quand le nouveau est joli!

— Pour ma part, je ne m'y oppose point, dit madame Ardant. Vous nous accompagnerez, mon frère.

— Avec grand plaisir. Et vous jugerez si les *vieilles légendes* ne valent pas les *récits nouveaux*.

— Adopté à l'unanimité! s'écria Alfred. Nous allons donc bien nous amuser et nous instruire en même temps. Comme le dit cet ancien, nous joindrons l'utile à l'agréable !

Omne tulit punctum qui miscuit utile dulci.

— Hum ! fit l'oncle. Les anciens sont quelquefois bons à citer : il paraît qu'ils ne radotent pas toujours.

La conversation que nous venons de rapporter se tenait à Nantes, dans un petit appartement au premier étage situé place Graslin, près le port de la Fosse. Nous n'avons pas besoin de désigner plus clairement les quatre personnes qui y avaient pris part. Le lecteur a reconnu une mère, ses deux enfants et un oncle, habitué de la famille que l'on désignait dans l'intimité domestique par le nom de *l'antiquaire*, et dans le monde, par celui de monsieur Bernard.

Dès le lendemain commença la revue du département de la Loire-Inférieure.

CHAPITRE II.

Nantes, une des plus belles villes de France. Promenades. Monuments. La cathédrale. Tombeau de François II. Origine du christianisme à Nantes. Légende des saints Rogatien et Donatien.

De toutes les villes comprises dans la circonscription de l'ancienne Bretagne, Nantes est sans contredit, la plus importante par sa population, son étendue et son immense commerce. En France elle occupe le quatrième ou cinquième rang (Paris bien entendu, étant mis hors de pair) et vient immédiatement après Lyon, Marseille et Bordeaux. On peut hésiter entre Rouen et Nantes. Car si la vieille capitale de la Normandie se distingue par ses admirables églises gothiques, la cité bretonne a pour elle la grandeur des lignes, la splendeur de plusieurs quartiers, et le charme de sa situation exceptionnelle.

De l'extrémité de la Loire ou des hauteurs de Chantenay disent les auteurs d'une *petite géographie de la Loire-Inférieure*, auxquels nous empruntons beaucoup de détails, Nantes et la Loire présentent une vue dont on a exagéré la magnificence en la comparant à celle de Constantinople et du Bosphore, mais qui ne manque cependant ni de beauté ni de grandeur. Le développement de la ville avec ses quais et sa suite de ponts qui rattachent la rive droite à la rive gauche, sont d'un aspect remarquable. Il embrasse un contour de vingt kilomètres. Lorsque l'on pénètre dans l'intérieur de Nantes et qu'après avoir suivi le quai de la Fosse, promenade pleine de variété et de mouvement, on arrive en passant par la Bourse à cette place d'où le regard s'étend sur plusieurs rues toujours animées et toujours vivantes, on est réellement ravi de la beauté du coup d'œil.

Nantes montre avec fierté aux étrangers le passage Pommeraye qui le dispute aux passages les plus brillants de Paris, le nouveau palais de justice, la cathédrale avec ses deux tours et ses trois portes géminées à arcades rentrantes, l'église Saint-Nicolas récemment reconstruite dans le goût du XIIIe siècle[1], les rues Boileau, de Bréa, l'île Feydeau où s'élèvent de splendides hôtels, la place Graslin, le pont de la Madeleine dont la première pierre fut posée en 1580 et d'où l'on jouit d'une vue ravissante qui attira l'attention de Napoléon Ier, entrant à Nantes en 1808, les cours Saint-Pierre et Saint-André entre la Loire et l'Erdre, plantés en 1703 et 1806; le cours Napoléon au milieu duquel s'élève la statue de Cambronne[2], illustration Nantaise, la prairie de Mauves qui sert d'hippodrome, et enfin dans le jardin des plantes une allée composée de quarante-huit magnolias d'espèces différentes et de

(1) Un compte de la fabrique de Saint-Nicolas du 31 juillet 1545 nous apprend, dit Ogée dans son dictionnaire de Bretatagne, que le grand autel était une espèce de lit avec ciel, rideaux et vergettes. Cet auteur pense qu'on avait pu en prendre le modèle sur ceux des païens qui, aux époques de calamités, dressaient dans les temples des dieux des lits appelés *pulvinaria*. Peut-être aussi avait-on en vue les tentes sous lesquelles les Juifs plaçaient l'arche d'alliance avant la construction du temple de Jérusalem.

(2) Le général Cambronne, fameux par le mot historique qu'on lui attribue, et qu'il dut prononcer sur le champ de bataille de Waterloo, est né en 1770, à Saint-Sébastien, bourg situé aux portes de Nantes. Il est mort dans cette dernière ville, en 1842.

grandes dimensions. C'est, dit-on, la plus curieuse de France[1].

Ces quartiers, ces promenades, ces édifices, furent visités en une journée par la famille Ardant. A chaque station, l'oncle et le neveu faisaient leurs observations conçues, on le pense bien, dans un esprit différent. Toutefois pour éviter des discussions trop vives et, comme on dit vulgairement, trop à brûle-pourpoint, ils convinrent bientôt tacitement de se réserver chacun à son tour, un site ou un mouvement, pour y discourir en liberté et développer leur thèse sans interruption. Quand on arriva en face de la cathédrale consacrée sous l'invocation de Saint-Pierre, l'*antiquaire* prit la parole :

— C'est en plein Xe siècle, dit monsieur Bernard, durant cet âge maudit entre tous par ceux qui préconisent le progrès moderne, et connu dans l'histoire sous le nom odieux d'âge *de fer*, que furent jetés les fondements de cette basilique à peine achevée de nos jours. Ainsi huit cents ans n'ont pu suffire à terminer ce que nos pères avaient commencé. Les Normands, cette race qui fut l'effroi de l'Europe chrétienne dans la période qui s'étend de la mort de Charlemagne au règne de Charles-le-Simple, n'avaient

---

(1) Le doyen des magnolias de France, et peut-être de l'Europe, se trouve au château de la Maillardière, commune de Virton. Il a été apporté d'Amérique vers 1711.

pas épargné la Bretagne. Nantes fut plusieurs fois pris et dévastée. Quand la conversion et l'établissement à poste fixe des principales bandes de ces hardis pirates eut mis un terme à leurs dévastations, les populations, guidées par leurs évêques s'occupèrent de la restauration des édifices religieux. Guérech qui occupa, à cette époque, le siége épiscopal de Nantes, mit la main à l'œuvre. On lui doit les premières assises de l'ancien chœur de la cathédrale. Les trois nefs actuelles ne furent élevées que dans le XVᵉ siècle.

Remarquez la splendide verrière qui décore la chapelle de Saint-Clair, dont elle retrace un miracle. Mais voici, dans une salle voisine de la sacristie, quelque chose de vraiment admirable. C'est le mausolée dit des *Carmes*, chef-d'œuvre du sculpteur Breton, Malouin selon quelques-uns, qui eut nom Michel Columb. Ce magnifique monument, élevé par les ordres d'Anne de Bretagne, dernière souveraine de ce beau pays, à la mémoire de François II, son père, et à celle de Marguerite de Foix, deuxième femme de celui-ci, fut achevé en 1507. Examinez avec soin, sur le couronnement du tombeau, les statues couchées des deux époux; aux quatre angles, celles qui représentent les vertus cardinales; sous l'entablement enfin, ces trente-deux statuettes, images d'autant de Saints, et dites-moi si jamais artiste italien mania son ciseau avec plus de délicatesse. Eh bien! ce Michel Columb n'avait point, que l'on sache, visité la Péninsule pour étudier les maîtres de la Renaissance. C'était un homme de tradition chrétienne.

Voulez-vous, en effet, savoir d'où vient cette expression touchante que les *tailleurs d'images* des âges intermédiaires ont si souvent donnée aux œuvres échappées de leurs mains, et qui les rend si précieuses malgré la sécheresse des lignes et l'imperfection de la forme? Du sentiment religieux. C'est la foi qui a enfanté toutes ces merveilles. Sans le Christianisme, aurions-nous ces vastes cathédrales, mondes de pierre, qui sont la représentation fidèle de toute une époque? Aurions-nous ce tombeau de François II? Aurions-nous ces brillantes écoles de peintures qui ont illustré l'Italie, la France, l'Espagne, l'Allemagne et la Flandre? Evidemment, non. C'est donc du sommet sacré du Calvaire que jaillit, non-seulement la source du bien, mais encore celle du beau. Les martyrs, qui, à l'imitation de leur divin Maître, ont terminé leur vie par une passion douloureuse, ont formé des Saints : ils ont aussi inspiré des artistes.

Nous voici près du lieu où furent exposés pendant de longs siècles à la vénération des fidèles, les restes des saints Donatien et Rogatien, frères bien-aimés qu'un même trépas réunit, qu'une même gloire couronna. Le peuple, qui est fier de ses illustres compatriotes, les confond dans son culte reconnaissant, sous le nom d'*enfants nantais*. Ils subirent le martyre sous les empereurs Dioclétien et Maximien, durant la dixième persécution qui fut la dernière et la plus cruelle de toutes. Quand la paix fut rendue à l'Eglise, les corps de ces inébranlables *témoins*[1] furent ensevelis dans un magnifique sépulcre. Plus tard on érigea en leur honneur une église qui porta leurs noms. Cette église subsiste encore : nous pourrons la visiter. Elle s'enrichit de la dépouille mortelle des saints patrons. Toutefois une portion de leurs reliques fut donnée à la cathédrale : elle était conservée ici-même, au-dessus de la porte latérale du chœur. Hélas ! la Révolution a fait main basse sur ce précieux trésor. Les fragments que possédait l'église des Saints-Donatien-et-Rogatien ont heureusement échappé aux désastres de cette époque néfaste.

Ecoutez le récit de la fin triomphale de ces jeunes héros. Il sera simple et court. Je me contenterai de traduire les actes de leur martyre.

» Du temps que Dioclétien et Maximien gouvernaient l'empire Romain, une sanglante persécution fut dirigée sous leurs auspices contre le nom chrétien, dont ces bourreaux couronnés voulaient effacer toute trace sur la terre. Le préfet ou président des Gaules reçut à cette occasion un rescrit souverain qui lui enjoignait de faire rendre les hommages de l'adoration aux vains simulacres des fausses divinités, ou pour parler plus exactement, des démons qui revendiquaient un sacri-

____

(1) On sait que *martyr* en grec signifie *témoin*.

lége encens. Pour mieux assurer le succès de cette infernale conjuration, des récompenses magnifiques étaient promises à ceux qui obéiraient à l'édit de César, tandis que la menace des plus cruels tourments était suspendue sur la tête de ceux qui demeureraient fidèles à la religion de Jésus-Christ.

» Il y avait alors, dans la ville de Nantes, un jeune homme du nom de Donatien, illustre par sa naissance, plus illustre encore par sa foi. De bonne heure il avait appris à dompter les emportements d'une bouillante jeunesse et à les contenir par le frein salutaire de la crainte du Seigneur. Il était chrétien en un mot, et l'eau sainte du baptême, en le lavant des taches dont sa conscience était souillée, avait attiré dans son âme la grâce de Dieu, qui lui épargnait les chutes et le rendait fort contre toutes les tentations. Plein de mépris pour les idoles et de zèle pour la gloire du vrai Dieu, il annonçait à haute voix, comme une trompette retentissante, les vérités de l'Evangile, et cherchait à faire des prosélytes dans la foule encore païenne. Il se serait amèrement reproché d'enfouir le talent que le Ciel lui avait confié en l'appelant à la foi de l'Evangile.

» Il s'adressa d'abord à son frère Rogatien qui continuait à vivre dans la pratique de l'idolâtrie, et déploya pour le gagner toutes les séductions de son éloquence et de sa tendresse. Rogatien, promptement convaincu, céda avec joie aux exhortations de ce frère, plus jeune que ui par les années, mais plus ancien dans la connais-

sance de la vérité. Non content d'être converti de cœur,
il le supplia de lui obtenir l'insigne faveur du baptême,
avant que la persécution qui approchait se fût déchaî-
née contre les chrétiens. « Il ne faut pas, disait-il, que
le jour de la lutte me trouve encore païen ou du moins
catéchumène; je veux être ton égal dans le combat,
ton égal dans le triomphe. » Mais ces souhaits généreux ne purent être exaucés. L'évêque se réservant
pour des temps meilleurs, s'était momentanément
éloigné. Pendant son absence, Rogatien devait, par
l'effusion de son sang, suppléer à celle de l'eau régé-
nératrice.

» Cependant le ministre des volontés impériales
entre dans la ville de Nantes, aux applaudissements de
la foule païenne, investi des pouvoirs les plus étendus
et les plus formidables. Un des habitants, partisan
fanatique du culte officiel, lui dénonça sur-le-champ
Donatien. « Juge équitable, juge indulgent, lui dit-il,
tu viens à propos pour ramener à la religion de nos
ancêtres ceux qui l'ont abandonnée en préférant à nos
dieux immortels le vil scélérat crucifié par la main des
Juifs. Le premier qui mérite d'encourir ta juste sévé-
rité, c'est Donatien. Il ne s'est pas contenté, en effet,
de renoncer lui-même au culte de Jupiter et d'Apollon,
et de fouler audacieusement aux pieds les ordres de
nos augustes souverains, il a encore séduit, par de
captieuses paroles, son frère Rogatien. C'est peu encore. Tous deux ne cessent de vomir mille injures

contre les objets sacrés de notre culte. Leurs insolents blasphèmes détournent le peuple de la pratique de notre religion. Si on n'arrête ces téméraires prédicateurs, dans peu de temps nos dieux ne recevront plus aucun honneur. Au surplus, interroge ces opiniâtres. La vérité ne te sera point cachée. » Cette dénonciation remplit de douleur l'âme du magistrat. Il fit venir l'accusé, et lui donna connaissance des imputations dont il était l'objet : « Comment peux-tu, lui dit-il avec indignation, refuser tes hommages à ces grands dieux qui nous ont tout donné, tout, jusqu'à l'existence? »

» Donatien répondit : « Tu as dit, sans le savoir, la vérité. Oui, je méprise les idoles. Oui, je m'efforce de soustraire au joug de l'erreur les malheureux qui ne servent pas le vrai Dieu et de les amener à la connaissance de Celui qui seul mérite les adorations de l'univers. » Le président reprit : « Mets un terme à ta propagande coupable, ou prépare-toi à mourir. » Donatien répliqua avec fermeté : « Les menaces que tu m'adresses retomberont sur ta tête; et le piége que tu me tends, tu y trébucheras le premier. Plongé dans les ténèbres de l'idolâtrie, ton œil ne perçoit point la divine lumière que projette le Christ. » Outré de la fierté intrépide de ce langage, le préfet fit charger de fers et jeter en prison le généreux confesseur, et ordonna de le soumettre à la torture, afin de triompher de sa constance, ou, s'il persistait dans sa folle opiniâtreté, d'ef-

frayer par la vue des tourments ceux qui seraient ten-
tés de l'imiter.

» Le peuple assistait au jugement. Fort de sa présence et de son assentiment, le préfet fit comparaître
Rogatien à son tour et s'efforça de l'ébranler par les
promesses les plus séduisantes. « J'apprends, lui dit-
il, que tu médites d'abandonner le culte de nos dieux,
de ces dieux qui t'ont comblé de biens, qui t'ont donné
la vie et l'intelligence. Ne serait-ce pas une honte,
heureusement doué comme tu l'es, de renoncer à la
sagesse qui t'a distingué jusqu'ici, pour embrasser le
parti de la folie? Prends garde! en confessant une
seule divinité tu encourras la colère de plusieurs. Puisque tu n'as pas encore reçu ce baptême dont on parle
tant, la voie du pardon reste ouverte devant toi. Reviens à de meilleurs sentiments. La faveur du prince
accroîtra tes honneurs et te vaudra un poste éclatant
dans l'empire. Pour comble de félicité, les dieux plus
tard se souviendront de ta fidélité à leur service. —
Ton langage est flatteur, répond ironiquement Rogatien; mais tes promesses sont aussi perverses que tes
intentions. Quoi! d'abord, en perspective le crédit des
empereurs! puis, par surcroît, la faveur des dieux!
A quel titre investissez-vous donc ces dieux du pouvoir
suprême, si vous faites passer les hommes avant eux?
Il est vrai qu'ils ne semblent pas valoir beaucoup mieux
que vous : même ils participent à votre misérable condition. Ces vaines idoles sont de métal et n'entendent

point : vous êtes sourds à la voix de la vérité. L'âme et la vie leur font défaut : à vous le sens et l'intelligence. Quoi d'étonnant? Faites consister votre piété à vénérer des pierres, vous deviendrez bientôt pierre vousmême. »

» A ces mots, le juge se tournant vers les officiers du tribunal leur dit : « Que l'on mène cet insensé en prison et qu'on le réunisse à celui qui l'a endoctriné. Demain tous les deux tomberont sous le glaive vengeur des lois et paieront par une juste mort l'injure faite à nos empereurs et à nos dieux. » L'ordre fut exécuté sur-le-champ.

» Voilà donc, s'écrie le rédacteur des actes de nos martyrs, voilà ces deux lumières de la foi plongées dans les profondes ténèbres d'un cachot! Mais la présence de ces invincibles athlètes jette plus de lustre sur le lieu de leur détention qu'ils n'en reçoivent eux-mêmes de peine.

» Cependant le bienheureux Rogatien s'afflige d'être privé de la grâce du baptême. Sa foi vive lui fait, il est vrai, espérer qu'une confession généreuse lui méritera les embrassements de son frère, et lui tiendra lieu de ce bain qui purifie. Il confie sa pensée au bienheureux Donatien, celui-ci s'adresse à Dieu lui-même : « Seigneur Jésus-Christ, dit-il avec larmes, toi qui tiens compte des désirs aussi bien que des actions, et avec raison, puisque tu nous as donné seulement la liberté de choisir et que tu t'es réservé le pouvoir de mettre tes desseins à exécution, fais, je t'en conjure, que la foi sincère de ton serviteur Rogatien, ait pour lui l'effet du baptème, et que s'il nous arrive demain de périr par le tranchant du glaive, l'effusion de son sang lui tiènne lieu de l'onde sacrée. » Après cette prière proférée du fond du cœur, les deux frères veillèrent pieusement le reste de la nuit. Ils attendaient en paix l'aurore du jour qui devait joindre pour eux à l'ignominie du supplice la couronne de l'immortalité.

» Le lendemain, en effet, le préfet séant sur son tribunal, fit comparaître devant lui les confesseurs du Christ. La foule qui assiégeait les abords du prétoire voit passer, en frémissant, les accusés sur qui les anges du ciel jetaient un regard de complaisance et de joie. Chargés de fers, ils se sentaient l'âme libre, car les tourments n'avaient fait que leur inspirer un nouveau courage. Quand ils eurent pénétré dans l'enceinte, le juge leur tint ce langage : « Je crains d'affaiblir la vindicte publique en vous parlant avec trop de douceur. Vous êtes impies envers les dieux, soit que vous agissiez par ignorance, ou, ce qui serait plus grave encore, par une coupable obstination. »

Les martyrs répliquèrent tout d'une voix : « Vous vous piquez d'être plus éclairé que nous, mais votre prétendue sagesse est au-dessous du dernier degré de la folie. Pour nous, nous voilà prêts à souffrir tous les raffinements que la rage du tortionnaire sera capable d'inventer. Nous ne craignons rien. Ce n'est pas per-

dre la vie que de la remettre en dépôt à celui qui nous
l'a donnée, et qui nous la rendra avec usure dans
l'éternité. »

» A ces mots, le juge, outré de colère contre ces
généreux athlètes, ordonne qu'on les place sur le che-
valet. Si leur âme ne cède point à la violence des tourments, au moins leur corps sera affreusement déchiré
et volera en lambeaux. Ce sera toujours une satisfaction pour son dépit, une consolation pour sa défaite.
Ce n'est pas assez. Il enjoint au ministre de ses vengeances de faire succéder la mort aux tortures et de
décapiter les deux frères. Le licteur obéit; dans sa rage
sanguinaire il enchérit même sur l'ordre donné. Il
transperce d'abord, à l'aide d'une lance, le cou de
chacune de ses victimes, et leur abat ensuite la tête
avec le glaive. La fureur du juge s'assouvit ainsi plus
à l'aise; ou plutôt, que dis-je? la palme de nos martyrs s'enrichit de nouveaux fleurons. C'est ainsi que
Donatien et Rogatien entrèrent en partage de la gloire
du Christ. Le premier avait eu le bonheur de gagner
son frère à l'Evangile, le second valut à Donatien une
plus ample récompense. Leurs sanglantes blessures les
couronnèrent l'un et l'autre d'un laurier qui ne se flétrit jamais. »

CHAPITRE III.

Nantes (suite). Le château. Les ducs de Bretagne n'étaient pa-
de petits compagnons. Histoire tragique du grand trésorier
Landais.

— Le château, situé sur les bords de l'eau, dit monsieur Bernard, a un aspect remarquable. J'aime ces
trois grosses tours que le duc François II fit construire
à la fin du XVe siècle. Il y en avait une quatrième,
mais elle a été détruite en 1800 par l'explosion d'une
poudrière qui renversa aussi la chapelle ducale. Le duc
de Mercœur ajouta aux constructions antérieures deux
bastions carrés où s'étalent encore les doubles croix de
Lorraine. C'est en considérant cette masse imposante
de bâtiments que Henri IV s'écriait : « Ventre Saint-
Gris ! les ducs de Bretagne n'étaient pas de petits compagnons ! » Entrons dans la cour intérieure. Nous
remarquerons une façade couverte d'ornements capri-
cieux qui appartiennent à la période dite du gothique
flamboyant.

— Tout ceci est fort beau, sans doute, et réveille de
splendides souvenirs, dit Alfred. Mais savez-vous que
ce château fut, dans le cours du XVIe siècle, le théâtre
d'une tragique catastrophe? Je veux parler de la
chute du fameux ministre Landais, l'ami et le confi-

dent du duc François II. Permettez-moi de vous la raconter :

« On a prétendu, à tort, que Landais appartenait à une famille qui s'était enrichie par le commerce. Son origine était plus humble. Né à Vitré, dans le faubourg du *Rachat*, d'un père qui exerçait le métier de *tailleur d'habits*, Pierre Landais entra, jeune encore, au service du tailleur du comte d'Etampes, qui fut depuis François II. Cette position infime fut la source de sa fortune, car elle lui fournit l'occasion de voir le prince qui le remarqua pour son esprit et sa dextérité, et l'employa quelquefois à son service personnel. De là sa faveur. Il devint valet de François II, puis son confident, fut initié, peu à peu, aux affaires de l'Etat, et parvint enfin au poste élevé de grand trésorier. Cette fonction lui assignait le premier rang dans le ministère, le mettait à la tête de l'administration intérieure, et faisait passer par ses mains toutes les relations avec les puissances étrangères. Sans se montrer complètement irréprochable, Landais usa de son immense pouvoir dans un but louable et vraiment patriotique. C'était le moment où la France, gouvernée par l'astucieux Louis XI, cherchait à absorber dans sa vaste unité la Bretagne, la dernière province qui fût demeurée jusqu'alors indépendante. Le fils du tailleur déploya toutes les ressources de son esprit pour soustraire son pays aux convoitises de cette redoutable voisine. Son talent diplomatique le servit à souhait. Il

noua des intelligences à la fois avec l'Angleterre et avec
l'Allemagne, ces ennemies naturelles de la France. Ce
ne fut pas tout. Pour allécher de nouveaux alliés par
l'appât d'une riche succession, il offrait en perspective
la possession de la main de la jeune Anne, fille de
François II, à une foule d'admirateurs de sa personne
et de son héritage : à Maximilien d'Autriche, au duc
d'Orléans, qui fut plus tard Louis XII, et qui épousa,
en effet, la princesse; au fils du vicomte de Rohan;
peut-être même au sire d'Albret, dont la mine était
pourtant fort déplaisante, et excitait les vives répugnances de la future duchesse.

» Malheureusement pour les projets de Landais, son
influence à la cour ducale était rudement battue en
brèche par de puissants adversaires. C'étaient d'abord,
il faut le dire à la honte de la haute aristocratie bretonne, les plus grands seigneurs, presque tous gagnés
par l'or de la France, ou séduits par l'ascendant d'une
nationalité à laquelle ils avaient depuis longtemps voué
leur fidélité.

» Plus français que bretons, les Rohan, les Rieux, les
Laval[1], les plus grands noms du duché, conspiraient
sourdement contre leur seigneur immédiat en faveur
de leur commun suzerain. La gentilhommerie ordinaire était animée de sentiments beaucoup plus pa-

____

(1) Les Laval, comme seigneurs de Vitré, étaient comptés au
nombre des neuf barons de Bretagne.

triotiques. Ce qui avait achevé d'indisposer la haute
noblesse contre l'ancien artisan vitréen, c'est que celui-
ci, inspiré sans doute par les souvenirs de son origine,
travaillait à restreindre autant que possible les priviléges féodaux qui entravaient à cette époque l'action du
pouvoir souverain. Un autre contradicteur de Landais
c'était le chancelier Chauvin, dont la politique était
toute française et qui tenait en même temps pour les
grands seigneurs. Mal lui en prit, comme nous le ver-
rons tout à l'heure.

» Le faible François II flottait entre ces courants
contraires. Indécis et voluptueux, dominé par sa favorite la duchesse de Villequier, nièce de la fameuse
Agnès Sorel, amusé par des bouffons, il passait sa vie
au sein des fêtes, dans son beau château de Nantes, et
perdait, dit M. de Carné, son beau duché aussi gaî-
ment que Charles VII perdait son royaume.

» On ne sait trop ce qui serait advenu de toutes ces
intrigues sans un coup hardi que frappa le trésorier et
qui causa sa perte. En 1481 Chauvin fut subitement
arrêté, sa fortune territoriale mise sous le séquestre et
sa famille réduite à la plus grande misère, au point
d'être obligée de *tendre la main aux passants*. Lui-même fut conduit en prison, au château de l'Hermine, à
Vannes, où, sans qu'aucun jugement fût intervenu,
une mort cruelle et mystérieuse vint trancher le fil de
ses jours. Quel était son crime? Landais prétendit que
Chauvin trahissait le duc et livrait ses secrets au roi de

France. Le fait était peut-être vrai, mais il ne fut point prouvé, et la commission instituée pour juger l'ex-chancelier n'avait rendu aucune sentence.

» La nouvelle de la mort de Chauvin produisit dans le duché une indignation générale. Les haines féodales suscitées par l'administration bourgeoise du trésorier se réveillèrent. Ses ennemis profitèrent de ce mouvement d'opinion pour en finir avec lui. Peu de jours après la catastrophe de Vannes, une conspiration réunit les seigneurs les plus considérables de la cour. Ils résolurent de chercher partout le chancelier et de s'emparer de sa personne. Le 7 avril 1484 une troupe se dirigeait en secret vers la maison de campagne de Landais. Elle fut sur le point de le surprendre au moment où il se mettait à table; mais il parvint à s'échapper. Dans le même instant d'autres conjurés se présentaient au château de Nantes devant le duc et le suppliaient, en employant toutes les formules de respect consacrées par les usages féodaux, de mettre à leur disposition un méchant serviteur qui abusait indignement de son nom pour commettre les plus grands forfaits. Pendant que François II à demi-mort de frayeur, répondait d'une façon évasive, le peuple Nantais surpris de cette brusque invasion dans la demeure ducale, dont il ne connaissait pas les motifs, fit entendre de violentes clameurs pour protester, à sa manière, de sa fidélité à un souverain qu'il aimait. Des canons furent même braqués contre le château. Les seigneurs, alarmés, se hâtèrent de déguerpir. L'affaire était deux fois manquée. Mais ce double échec ne suffit pas à les décourager et ils ourdirent de nouveaux complots. Car la haine ni l'ambition ne pardonnent point.

» En effet, peu de jours après, Rieux, Laval et Rohan, suivis de nombreux vassaux, se réunissaient dans la place d'Ancenis qui appartenait au premier de ces seigneurs, et levaient ouvertement l'étendard de la révolte. Par le traité de Montargis, négocié le 22 octobre, ils s'engageaient vis-à-vis du roi de France à faire tous leurs efforts, « à employer corps et biens, alliés, amis et sujets, » pour lui assurer la possession de la Bretagne après la mort du duc régnant. C'était fouler aux pieds de la manière la plus scandaleuse, la plus antinationale, les droits incontestables des deux filles de François II, car en Bretagne les femmes succédaient au défaut d'héritiers mâles. Il est vrai que Louis XI avait eu la précaution d'acheter les droits des Penthièvre, branche cadette de la maison ducale. Mais cette convention était sans valeur ; car dès le XIVe siècle, la querelle entre les Montfort et les Penthièvre avait été vidée, et ces derniers avaient renoncé à toute prétention par le traité de Guérande signé en 1365.

» Cependant Landais ne s'était pas endormi ; comme il savait qu'il avait affaire à des ennemis irréconciliables, il résolut de ne pas les ménager. Un édit les déclara criminels de lèse-majesté, ordonna leur mise en jugement et prescrivit au préalable, par mesure de sûreté publique, la prise et la démolition de leurs places et châteaux. Pour assurer l'exécution de cet ordre souverain, le ministre de François II, déployant une remarquable activité, mit promptement sur pied les ressources militaires du duché et dirigea sur Ancenis, « ce nouveau Calais, qu'avec l'aide de quelques traîtres, la France édifiait alors sur les marches de la Bretagne » quatre mille hommes de milice, quinze mille francs archers et quinze cents lances. Cette dernière arme était, comme on sait, uniquement recrutée dans la noblesse. Landais avait donc ou semblait avoir des partisans dans toutes les classes du duché. Mais une défection étrange allait lui montrer sur quels faibles appuis reposait sa popularité.

» Les deux armées s'étaient rencontrées. On s'attendait à les voir aux prises, quand tout à coup des cris s'élèvent de part et d'autre : « Pourquoi déchirer le sein de la patrie bretonne, pour un seul homme, pour un vil favori, dont la volonté despotique s'est imposée à notre souverain, pour une espèce d'intrus qui fait litière de nos franchises, de nos coutumes, de nos priviléges ! Tournons-nous unanimement contre lui, et que cet artisan de désordres disparaisse ! » Les armes s'abaissèrent, on se réconcilia dans une pensée inexplicable de commune vengeance, et la joie, dit un historien, fut universelle.

» Triste joie, présage d'un grand crime et d'effroyables malheurs ! Cette multitude enivrée de haine, transportée de folie, altérée de sang, se rue en désordre contre le château où le prince et son favori attendaient avec confiance l'issue d'une lutte qui devait assurer la ruine de l'aristocratie féodale, le triomphe de l'autorité des ducs et le maintien de la nationalité bretonne. Bientôt les avenues sont forcées et cette antique résidence devint le théâtre de scènes révoltantes où la lâcheté et la perfidie le disputaient à la brutalité. Chrestien, le nouveau chancelier, que Landais avait substitué à Chauvin, aiguillonné par la peur à la vue de cette multitude armée de pied en cap, trahit son bienfaiteur et trompa peut-être son maître. L'avis d'un autre personnage se joignit au sien pour déterminer François II à la plus honteuse des concessions. La fureur du peuple était telle que le comte de Foix, envoyé au dehors par le duc son beau-frère pour donner de bonnes paroles à la foule, eut de la peine à rentrer sain et sauf dans la chambre du prince. « Monseigneur, dit-il d'un air consterné, je vous jure Dieu que j'aimerais mieux être prince d'un million de sangliers que de vos Bretons. Il vous faut de nécessité livrer votre trésorier, autrement nous sommes tous en danger. » Le chancelier insista et dit : « Mon souverain seigneur, je suis contraint de prendre et constituer prisonnier votre trésorier Pierre Landais, et vous plaise à tolérer et pacifier votre peuple. — Pourquoi, dit le duc, veut mon peuple que vous le preniez? quel mal a-t-il fait ? — Monseigneur, dit le chancelier, on lui met sur (on lui impute) plusieurs mauvais cas moult scandaleux et de dangereuse conséquence. Peut-être que c'est à tort. Quand il sera pris, le peuple cessera son émotion, et lui sera justice administrée. — Ore, me promettez-vous, dit le duc, que vous ne lui ferez que justice? » Et dit le chancelier : « Monseigneur, sur ma foi, je vous le promets. » A donc le dit duc, vint prendre par la main son trésorier Landais (lequel s'était réfugié dans la garde-robe du prince), et le livre disant : « Je vous le laisse et vous commande sur votre vie que vous ne souffriez aucun grief ni déplaisir lui être fait hors justice. Il a été cause de vous faire chancelier et pour ce soyez-lui ami en justice — Monseigneur dit le chancelier, ainsi serai-je[1]. » On verra jusqu'à quel point messire Chrestien fut fidèle à sa parole.

» Les ennemis de Landais triomphaient. Ils furent assez habiles pour associer à leur joie ceux-là mêmes qui auraient dû gémir de ce criminel attentat. « Landais fut conduit à la prison du Bouffay, au milieu d'un peuple immense calmé par la certitude d'une prochaine exécution juridique, et qui poursuivait d'injures stupides le défenseur, non pas irréprochable, mais courageux de cette nationalité bretonne dont il emporta dans sa tombe la dernière espérance. » Ce sont les propres

______

(1) Voir la *chronique* d'Alain Bouchard, liv. IV, f. CCII, à laquelle nous avons emprunté le récit de l'arrestation de Landais, et aussi le remarquable récit de monsieur de Carné.

paroles de monsieur de Carné, et pour ma part, je souscris sans réserve à ce jugement.

» Une commission où siégeaient les rebelles de la veille convertis inopinément en très-fidèles sujets fut nommée pour instruire un procès dérisoire. Au nombre des membres figuraient deux signataires du traité de Montargis ! L'accusé se défendit avec sang-froid. Sa culpabilité se trouvait suffisamment établie aux yeux des juges bourreaux devant lesquels il comparaissait. Néanmoins par un odieux raffinement de cruauté on le soumit à la question. Puis quand on l'eut affreusement torturé, on le condamna à mort. Landais, informé judiciairement de cette inique sentence, se recueillit, se confessa et marcha intrépidement au supplice. Le gibet fatal avait été dressé sur la place de Biesse, lieu ordinaire des exécutions. Landais s'y rendit à pied, la corde au cou, accompagné de deux moines qui l'exhortaient à bien mourir. Ainsi la religion assistait en cette dure extrémité celui que ses propres créatures avaient abandonné. Le trajet était long. La multitude se montrait avide de voir le condamné et d'épier sur son visage la trace de ses angoisses. Le trésorier trompa sa cruelle attente en ne manifestant aucune émotion. Il fut pendu haut et court et tout fut dit. »

— Eh quoi ! s'écria mademoiselle Edmée, est-ce que le duc n'usa pas de sa prérogative pour faire grâce à son ministre, à son confident, à son ami ?

— Il n'en eut pas le temps. A plusieurs reprises, il

avait positivement déclaré qu'il ne souscrirait aucun arrêt infligeant la peine capitale. Les conjurés qui connaissaient ses intentions eurent soin de monter la garde autour de sa personne, afin d'empêcher qu'aucune nouvelle de la procédure ne vînt jusqu'à lui, et François II apprit en même temps la condamnation et l'exécution de son favori. Eh bien! que dites-vous, mon cher oncle, de cette sanglante aventure et de l'heureux temps où elle se déroulait à la face du ciel?

— Je dis, mon cher neveu, que tous les siècles ont vu des scélérats ourdir de coupables machinations, des traîtres se révolter contre leur prince et leur patrie et une multitude abusée applaudir au supplice de ses plus fermes défenseurs. J'ajoute encore une réflexion. Vous avez qualifié d'inique la sentence qui frappa Landais. Ce mot me paraît malheureux. L'arrêt rendu était dur, voilà tout. N'oubliez pas que Landais avait, de son chef, trempé ses mains dans le sang du chancelier Chauvin, qu'il avait également fait périr, toujours sans forme de jugement, deux jeunes clercs, sous prétexte qu'ils servaient d'intermédiaires entre les rebelles et le roi de France. Il avouait tout et se retranchait seulement pour sa justification, derrière la raison d'État. Un motif semblable fut allégué contre lui par les commissaires qui le privèrent de la vie. Il fut donc condamné justement par d'injustes juges. On peut, à mon sens, considérer son supplice comme de légitimes représailles de la fin cruelle de Chauvin et y voir une

leçon frappante du danger que l'on court à fouler aux
pieds les formes tutélaires de la justice.

— On ne saurait prouver qu'il fût coupable.

— On ne saurait prouver qu'il fût innocent.

CHAPITRE IV.

Les environs de Nantes. Indre et Indret. Légende
de saint Ermeland. Usine et ermitage.

Peu de temps après cette conversation, la famille
Ardant fit une excursion aux environs de Nantes. Elle
descendit d'abord la Loire dans le but de faire une
station dans l'île d'Indret, qui possède une magnifique
usine. Pendant que le bateau à vapeur les emportait
sur le fleuve, l'antiquaire qui avait, pensait-il, sa revanche à prendre se mit en tête de raconter une belle
légende concernant les lieux mêmes que l'on se propo-
sait de visiter. Il avait étudié la matière, fouillé l'immense recueil des Bollandistes, et lu un petit volume
intitulé : *Vie des Saints de Bretagne d'après les légendes,
Rennes, 1861*. Ce fut de ce dernier ouvrage qu'il fit
l'extrait que l'on va lire :

« Dans la seconde moitié du VIIe siècle, le monastère
de Fontenelle situé entre l'Océan et la Seine, non loin
de la ville de Rouen, florissait sous la sage direction

de l'abbé saint Landbert. Fondé en 854 par saint Wandregésile, prédécesseur de saint Landbert, la réputation de régularité des moines qui l'habitaient s'était répandue au loin, de sorte que la Bretagne n'ignorait point les exemples de vertu que donnaient ces édifiants cénobites.

» De tous les moines qui s'inclinaient sous la houlette pastorale de saint Landbert, le plus digne, sans contredit, était un frère dans la maturité de l'âge et de la vertu, nommé Ermeland[1]. Issu d'une race noble, riche et chargée de dignités, Ermeland avait été, dès son enfance, destiné par sa famille aux grandeurs du siècle. De Noyon, lieu de sa naissance, où l'affection paternelle lui avait procuré d'excellents instituteurs, il s'était rendu, jeune encore, à la cour où l'attendaient des honneurs héréditaires. *Recommandé* au roi, suivant la coutume germanique, devenu cher à Clotaire III et à tous les courtisans dont ses bonnes grâces et ses éminentes qualités avaient gagné le cœur, créé en dépit de ses refus premier échanson du prince, un magnifique avenir s'ouvrait devant le fils des Leudes. Mais les plus belles espérances d'ici-bas n'avaient nul attrait pour lui. Demeuré pur, grâce à la ferveur de l'esprit, au milieu des bouillonnements de la jeunesse, il aspirait en secret à renoncer à tout. Cependant la crainte de contrister ses parents le retint quelque

(1) Plus connu sous le nom de saint Erblond.

temps dans une sphère où il se sentait étranger. Il
consentit même, malgré ses répugnances, à épouser la
fille d'un grand seigneur. Le jour de cette brillante
union avait été fixé, lorsque, fortifié par le secours
puissant d'en haut, il rompit brusquement les liens
qui l'attachaient au monde, dit adieu à sa fiancée et
courut se jeter aux pieds du roi de France pour lui demander la permission de quitter la milice du palais, afin
de s'engager dans la milice sacrée du monarque du ciel.
Clotaire eut besoin de se faire violence pour accorder
l'autorisation demandée : il la donna cependant, dans
la crainte d'attirer sur lui la colère de Dieu en s'oppo-
sant à l'accomplissement de ses desseins sur le jeune
Ermeland. Celui-ci, libre enfin et joyeux, prit congé de
ses compagnons affligés et courut se renfermer dans le
monastère de Fontenelle. Ses rapides progrès dans la
perfection étonnèrent le saint abbé Landbert qui, au
lieu d'un disciple, voyait en lui un maître. Il eut bientôt franchi les premiers degrés de l'épreuve nécessaire,
prononça ses vœux et fut élevé au sacerdoce. Ce fut le
bienheureux Ouen, évêque de Rouen, qui lui imposa
les mains.

» Sur ces entrefaites, saint Paschaire, évêque de
Nantes, mu par le désir de posséder dans son diocèse
une de ces maisons de prières et de bonnes œuvres qui
attiraient sur les lieux où elles s'élevaient les bénédic-
tions du ciel, dépêcha des hommes sûrs et discrets au
vénérable abbé Landbert pour obtenir de lui une colo-

nie de religieux. Saint Landbert s'adresse à Ermeland, son disciple de prédilection : « Frère bien-aimé, lui dit-il, bien que ton absence doive produire ici un grand vide dont je serai le premier à souffrir, je me résouds à t'envoyer vers l'évêque Paschaire. Pars donc : douze moines dont tu seras le chef t'accompagneront. Si cependant tu as quelques objections à faire contre ce projet, je les accueillerai avec bienveillance, car je ne veux rien t'ordonner qui te déplaise.

» A cette invitation touchante empreinte à la fois de dignité, de déférence et de tendresse, Ermeland répondit humblement par une protestation de soumission sans bornes et déclara qu'il irait partout où son supérieur jugerait à propos de l'envoyer.

» Les religieux se donnèrent alors le baiser de paix et se souhaitèrent avec larmes une mutuelle prospérité. « Que la grâce de Dieu soit avec vous ! disait en élevant les yeux au ciel le vieil abbé, que sa bénédiction fasse fructifier l'œuvre de vos mains. »

» La première chose que fit Ermeland lorsqu'il fut arrivé à Nantes, fut de prier le seigneur Paschaire de lui fournir les moyens de descendre la Loire jusqu'à la mer, afin qu'il pût trouver un emplacement commode pour son futur couvent. « Vous n'aurez pas besoin, lui dit l'évêque, d'aller aussi loin. Car à trois milles de cette cité il y a quelques îles que les devoirs de ma charge pastorale m'ont empêché jusqu'ici de visiter, mais qui, je pense, pourront vous convenir. » Ermeland se hâta de monter sur la barque qu'on venait de lui préparer et s'abandonna au courant. Il priait le Seigneur, protecteur des Hébreux durant leur passage à travers la mer Rouge, de guider sa marche vers une terre promise, bien plus précieuse à ses yeux que ne l'était pour les enfants d'Israël la région où coulaient des ruisseaux de lait et de miel.

» Le lieu où il aborda lui parut en effet une véritable terre promise. Au centre d'un cercle formé par plusieurs îlots, que recouvraient périodiquement les eaux de la mer à l'époque des grandes marées s'élevait une île que ses bords escarpés défendait contre l'invasion des flots. Elle mesurait vingt-quatre stades (environ une lieue) de longueur, et offrait à la vue un vaste espace qui pouvait se convertir par la suite en vignes, en prés et en jardins. Le sol d'une admirable fécondité, était couvert d'une épaisse forêt. Les ombrages et de secrets abris ménagés par la nature firent donner à l'île, par le cénobite en quête d'une retraite sûre et profonde le nom significatif d'*Antrum* ou antre (aujourd'hui Indre). La situation topographique de l'île la préservait des visites de ces hommes affairés, curieux et importuns que fuyait avant tout le solitaire. Il y régnait un délicieux silence qu'interrompait seulement le gai ramage d'une myriade d'oiseaux de différentes espèces, parmi lesquels on distinguait les cygnes, chers aux poètes. Ajoutez à tous ces agréments l'abondance du poisson, qui promettait aux hôtes futurs de ces beaux

lieux, une subsistance saine et facile à se procurer.
Ravi de ce séjour enchanteur, Ermeland remercia
Dieu de le lui avoir fait connaître et s'empressa de
revenir trouver l'évêque de Nantes. Les deux saints,
après s'être réjouis ensemble dans le Seigneur, arrê-
tèrent les mesures à prendre pour l'édification d'un
monastère, prirent quelques instants de repos et passè-
rent le reste de la nuit à louer Dieu. Hommes heureux
et bons qui goûtaient vivement les simples dons du
Créateur, et dont l'action de grâce s'élevait fervente et
non interrompue, tant la pensée de l'Auteur de tous
les biens était sans cesse présente à leur esprit.

» Bientôt un monastère s'éleva dans l'île d'Indre, et
non loin du cloître deux églises furent consacrées,
l'une à saint Pierre, l'autre à saint Paul. Au sud
d'Indre se trouvait une île moins étendue, habitée par
des bergers. Ermeland la nomma *antricinum* (petit
antre). C'est aujourd'hui Indret. Il s'y retirait souvent
pour prier.

» Cette île d'Indret fut un jour le théâtre d'un événement singulier, dans lequel le légendaire voit une
intervention visible de la divinité. C'était pendant le
carême, Ermeland se promenait sur le rivage en compagnie d'un moine. Celui-ci qui était fatigué par un
long jeûne et par des prières multipliées, jetait de
temps en temps un regard curieux sur le cours du
fleuve. A la fin, il s'écria en poussant un soupir :
« L'évêque de Nantes a pourtant eu tel jour sur sa

table un de ces beaux poissons qu'on nomme lamproies.
— Qu'est-ce à dire, mon frère? dit l'abbé d'un ton
moitié sévère, moitié enjoué. Doutez-vous que la main
du Tout-Puissant ne puisse à l'instant nous offrir un
mets aussi délicat? » Il n'avait pas achevé que les eaux
du fleuve se mirent à bouillonner et qu'une magnifique
lamproie vint se déposer à sec sur la rive. Ermeland,
acceptant de bon cœur le présent que le Ciel lui en-
voyait, ordonna qu'on en fît trois parts et que deux
d'entre elles fussent portées au monastère. »

» On remarqua, une fois, comme saint Ermeland
marchait dans son oratoire en priant, que la trace de
ses pas devenait lumineuse. Le lieu où il s'arrêtait
habituellement pour vaquer à l'oraison parut aussi
enveloppé d'une lueur surnaturelle. »

— Je vais encore citer un fait que rapporte Pascal
Robin. « Dieu, dit ce naïf chroniqueur, donna la grâce
au saint de nettoyer un arbre tout rongé de grosses
chenilles, sous lequel, lisant en la sainte Bible, et
ces vermines importunes tombant dru menu sur son
livre, » un moine, moins patient que son supérieur, les
jetait à terre et les écrasait du pied. Mais saint Ermeland l'en reprenait avec douceur en disant : « Mon
frère, ne nous dérobons point à cette peine que la justice de Dieu nous inflige. » Or, la nuit suivante, « ces
petites bestioles s'évanouirent, comme les grenouilles,
les langoustes ou sauterelles, les mouches ou autres
vermines d'Egypte, à la prière de Moïse. »

NAN.

» Cependant le monastère devenait de plus en plus florissant. Les fidèles de la ville de Nantes l'avaient généreusement doté. Quelques-uns firent plus encore, ils s'agrégèrent à la sainte société des moines de Fontenelle. On sait assez tout le bien que faisait un monastère à cette époque. C'était un foyer de lumière et de charité. On y distribuait à la fois le pain matériel aux pauvres, et le pain de l'enseignement chrétien aux ignorants. Les persécutés y trouvaient aussi un asile et les méchants un rempart inexpugnable au pied duquel venait expirer la fougue de leurs emportements brutaux.

» Quand saint Ermeland vit que son œuvre était solidement affermie, il se démit de sa charge d'abbé, et se renferma dans une cellule pour s'y préparer par un redoublement de ferveur au passage du temps à l'éternité. Malheureusement son successeur, Adalfred, se montra animé d'un esprit tout opposé à l'esprit du Saint. Ce n'était point un père, c'était un tyran. Ermeland crut devoir lui adresser des réprimandes. Mais Adalfred, aveuglé par la passion, se moqua de ses charitables avis et persista dans les mêmes errements. Il alla encore plus loin ; poussant l'avarice et l'inhumanité jusqu'aux dernières limites, il affamait ses religieux, et refusait aux compagnons de son prédécesseur les aliments qu'il était tenu de leur fournir.

» Un jour qu'il faisait battre de verges un moine dont il était mécontent, celui-ci, vaincu par la douleur et l'indignation, invoqua l'appui de son ancien maître. « Pourquoi, bon père Ermeland, s'écria-t-il, pourquoi nous avez-vous abandonnés? — Celui que tu appelles à ton secours est impuissant à t'assister, » répliqua le bourreau, et il s'acharna sur sa victime. Le moine parvint pourtant à s'échapper, et courut montrer au vieil abbé ses plaies toutes saignantes. Les frères qui demeuraient avec saint Ermeland s'émurent à ce triste spectacle et s'enflammèrent au récit de tels excès. Ermeland les calma d'un mot : « Prenez patience, leur dit-il, et sachez qu'il n'a pas pour un mois à vivre. » Trois jours plus tard, l'indigne abbé vit en songe son respectacle prédécesseur qui le frappait de son bâton pastoral. Sur-le-champ, il se réveilla en proie à d'inexprimables tortures, et s'écria qu'un feu intérieur le consumait. Peu de temps après il rendait l'âme et comparaissait au jugement de Dieu. Ceux qui avaient gémi sous sa domination despotique voulaient lui dénier les honneurs de la sépulture. Mais le doux Ermeland ne permit pas que les restes du défunt subissent ce châtiment public.

» Parvenu au comble de la sainteté et des ans, Ermeland mourut en paix : il s'endormit d'un doux sommeil sans avoir passé par les angoisses de l'agonie. On l'ensevelit dans l'église de l'apôtre Saint-Paul, non loin de l'oratoire qu'il avait élevé à saint Waudrégésile, patron du monastère, qui entendit ses premiers vœux.

» Plusieurs miracles firent connaître le crédit dont

il jouissait auprès de Dieu. Un moine averti en songe par une voix surnaturelle, déclara qu'il fallait transporter le corps d'Ermeland dans l'église Saint-Pierre et l'y placer près de l'autel. La cérémonie de la translation qui s'accomplit en grande pompe, fut signalée par un fait remarquable. Quand la procession fut arrivée à la porte du réfectoire, la châsse qui renfermait les restes du bienheureux devint tout à coup si lourde qu'on se trouva dans l'impossibilité de passer outre. Grand fut l'étonnement des assistants. L'abbé David prit alors la parole : « Mes frères, dit-il, je vois bien ce que ceci signifie. Il y a ici grand nombre de pauvres. Notre bon père défunt, comme il a été en son vivant fort miséricordieux envers eux, veut-il que nous l'imitions en cela, et ne se laissera porter plus avant que nous ne leur ayons donné l'aumône. » Alors, par son commandement, le dépensier (l'économe) apporta une corbeille pleine de pain qu'il distribua aux pauvres, et incontinent le saint corps devint aussi léger qu'auparavant et fut aisément porté à l'église où il fut déposé en un beau sépulcre.

» Ainsi, d'après cette touchante légende, saint Ermeland exerçait la charité au sein même du trépas.

» Mais nous voilà arrivés. Ces lieux ont bien changé de face. La petite île d'Indret qui fut témoin des merveilles de recueillement, de détachement et de mortification, d'un petit nombre de solitaires, retentit maintenant du bruit assourdissant des marteaux et des laminoirs. Elle est occupée depuis 1834 par une usine où l'on construit des machines à vapeur pour le service des bâtiments de l'Etat. Un peuple d'ouvriers y déploie la plus rare activité. »

Nos voyageurs mirent pied à terre et visitèrent dans tous leurs détails ces curieux établissements qui donnent une si haute idée du génie de l'homme.

Mais l'industrie, nous le disons à sa louange, n'a pas fait disparaître les vestiges du séjour de saint Ermeland. L'ermitage qu'il occupa subsiste encore, deux tours reliées par un petit pavillon le composent. Dans l'une de ces tours se trouve la cellule du Saint; on montre dans un enfoncement l'emplacement de sa couche. L'autre tour renferme son oratoire : on y a érigé un autel fort simple où le saint sacrifice de la messe est célébré le jour de sa fête. Ce lieu, fort vénéré, est l'objet d'un pèlerinage. Le monument dont nous parlons, remarquable par sa masse et son antiquité, est construit en pierres non dégrossies. Les murailles sont fort épaisses. Un escalier extérieur conduit à une plate-forme récemment établie par les soins du génie, et d'où l'on jouit d'une vue admirable. C'est un des ermitages les mieux conservés et les plus curieux que l'on puisse visiter dans la province.

CHAPITRE V.

La Loire jusqu'à Ancenis. Saint-Florent. Varades. Le passage
de la Loire par les Vendéens. Trépas héroïque de Bonchamp.
Discussion. De la valeur des idées. Les idées chrétiennes.

Nous allons maintenant suivre nos voyageurs sur la
route d'Ancenis.

Le bateau à vapeur, en remontant la Loire, fait
voir au passager des sites fort pittoresques. Voici les
rochers de Mauves qui s'élèvent comme une muraille
de plus de trente mètres de hauteur, puis le château
de Clairmont bâti sur un plateau qui domine une
immense étendue de pays. Il a remplacé l'abbaye de
Montelair, détruite au IXe siècle par les Normands.
Admirez la tour octogone d'Oudon (XVe siècle) avec
ses larges fenêtres, ornées de meneaux en croix lati-
ne, et ses quatre étages couronnés de machicoulis à
trèfles. Ancenis apparaît ensuite, les pieds dans le
fleuve, la tête couronnée de collines chargées de pam-
pres verts. Ne diriez-vous pas une bacchante antique?
La Loire, capricieuse comme beaucoup de grands fleu-
ves, moins ensablée autrefois que de nos jours, recevait, il y a quelques siècles, les eaux de la mer en assez
grande abondance pour permettre de construire en ce

lieu des vaisseaux de guerre. Si l'on poussait un peu plus loin, on verrait Saint-Florent le vieil (Maine et Loire), où s'effectua en 1793 le fatal passage de la Loire par les Vendéens, et de l'autre côté du fleuve, sur la terre bretonne, le village de la Meilleraie[1], où expira le généreux Bonchamp.

Le douloureux exode d'un peuple frémissant qui, chassé par sa défaite marchait, sans le savoir, à une complète extermination, ce trépas héroïque du soldat chrétien forment une des scènes les plus tragiques et les plus belles que fournisse l'histoire de la Vendée. Le 18 octobre 1793, les plages sablonneuses qui s'étendent sur la rive gauche du fleuve, au pied de l'enceinte demi-circulaire que dessinent les hauteurs de Saint-Florent, présentaient un spectacle plein de grandeur et de tristesse. Quatre-vingt mille personnes se pressaient dans cette vallée : soldats, femmes, enfants, vieillards, blessés, tous étaient pêle-mêle, fuyant le meurtre et l'incendie. Derrière eux ils apercevaient des colonnes de fumée s'élever des villages que brûlait l'ennemi. On n'entendait que des pleurs, des gémissements et des cris. Dans cette foule confuse chacun cherchait ses parents, ses amis, ses défenseurs. On se préoccupait aussi du sort qui attendait les émigrants au delà du fleuve. Et cependant on se portait en foule pour le franchir, comme si sur l'autre rive, on avait

(1) Près Varades.

dû trouver la fin de tous les maux. Une vingtaine de barques sillonnaient incessamment le courant de la Loire. Les Vendéens s'y entassaient sans prudence pour toucher plus vite au rivage désiré. A mesure qu'ils débarquaient, ils se formaient en groupes et s'efforçaient de retrouver leurs compagnons habituels, dont plusieurs, hélas! avaient déjà été frappés du coup de la mort. Cet empressement, cette inquiétude, cette terreur, ce vaste cadre enfin où s'agitaient tant de vies d'hommes firent naître dans l'esprit de beaucoup de témoins de tristes pressentiments et leur parurent comme une image anticipée du jugement dernier[1].

Quel mobile mettait en branle cette multitude et lui faisait quitter le foyer paternel? C'était, non l'espoir de rencontrer des alliés sur une terre nouvelle, mais le découragement qui s'était emparé des paysans Vendéens, à la suite de récentes catastrophes. Ils étaient en pleine retraite depuis la bataille de Chollet. Dans cette sanglante affaire on fit de part et d'autre des prodiges de valeur. Les Vendéens étaient vainqueurs sur toute la ligne, lorsqu'une habile manœuvre de flanc exécuté par le général Haxo, devenu depuis si célèbre, et la blessure simultanée de d'Elbée et de Bonchamp, changèrent la face des affaires. Une fois que ces phalanges héroïques, mais mal disciplinées, eurent laissé le dé-

---

(1) Voir les *Mémoires de la marquise de la Rochejacquelein*, et les *Guerres de la Vendée,* par M. de Beauchamp.

sordre s'introduire dans leurs rangs, elles commencè-
rent à plier. Ce fut bientôt une déroute complète. On
jugea que l'unique moyen de sauver l'armée était de
lui faire franchir la Loire et de transporter les opérations militaires en Bretagne. Malgré la résistance de
plusieurs chefs qui soutenaient qu'abandonner la Vendée c'était renoncer à ses plus solides ressources, le
passage fut décidé.

» Comme on s'occupait des moyens de l'exécuter,
une affreuse résolution à prendre s'offrit tout à coup
à la pensée des chefs et des soldats. On avait amené à
Saint-Florent cinq mille prisonniers républicains. Que
faire de ces hommes? On ne pouvait évidemment les
traîner plus loin. Leur rendre la liberté, c'était s'exposer à grossir le nombre des ennemis qu'on aurait plus
tard à combattre, c'était donner des auxiliaires à ces
farouches républicains, qui avaient déjà porté l'incendie
dans les campagnes vendéennes. On les avait enfermés
dans l'église de Saint-Florent en attendant une décision qui ne pouvait tarder. La foule des fugitifs, la
rage dans le cœur, tournait autour de l'édifice sacré,
et demandait à grands cris l'égorgement des prisonniers. « Vengeons-nous! s'écriaient-ils, ce ne sont
après tout que de justes représailles. Voyez la flamme
dévorer nos villes, nos hameaux, nos moissons! Ferons-
nous la folie de déchaîner ces tigres altérés de notre
sang? »

» Pendant que la foule exhalait ainsi sa colère et sa

frayeur, les chefs délibéraient. Chacun fut d'avis, dans le premier mouvement, de faire fusiller les républicains. Sanglante hécatombe ! mais la nécessité qui fait souvent loi à la guerre semblait l'ordonner. Monsieur de Lescure, blessé à mort, couché sur un matelas où il recevait les soins de sa femme, qui fut depuis madame de la Roche-Jacquelein, entendit ce vœu du désespoir et frémit. « C'est une horreur ! » dit-il d'une voix mourante, qui ne parvint pas aux oreilles de ses compagnons d'armes.

» Quand il s'agit d'exécuter la décision fatale, tout le monde recule. « C'est une affreuse boucherie, disait l'un. — Je ne ferai jamais l'office de bourreau, s'écriait l'autre. » Tous ces braves gens, en effet, pour rappeler un mot bien connu[1], étaient des soldats, mais non des bourreaux. Cependant la tourbe furieuse des Vendéens s'était emparée des canons et s'apprêtait à mitrailler les républicains. Rien ne semblait pouvoir soustraire ces malheureux au massacre, lorsque le général Bonchamp, en proie aux douleurs d'une blessure mortelle, apprend ce qui se passe. Par un effort héroïque, il maîtrise ses souffrances. S'oubliant lui-même, aux portes du trépas, il ne songe qu'à sauver ses adversaires de la veille, des rangs desquels est parti le coup

(1) Celui du vicomte d'Orthès, gouverneur de Bayonne, au roi Charles IX, lorsque ce généreux citoyen refusa de prendre part au massacre de la Saint-Barthélémy.

funeste qui va trancher le fil de ses jours. « Va, dit-il
à d'Autichamp, un de ses officiers, qui s'était jeté à ses
genoux, va, sois l'organe et l'exécuteur de mes dernières volontés. » D'Autichamp sort aussitôt, et se présente à la multitude. Un roulement de tambour annonce une proclamation. C'est un ordre de Bonchamp
qui, sur le point d'expirer, implore comme faveur
dernière la délivrance des prisonniers. Au nom de
Bonchamp, le calme succède à la fureur. On verse des
larmes, les canons déjà braqués sont détournés. De
tout côté on s'écrie : « Grâce! grâce! sauvons les prisonniers. Bonchamp le veut, Bonchamp l'ordonne! »
Il est obéi. Tant son nom seul avait de pouvoir dans
l'armée insurgée! Ce fut un glorieux triomphe pour le
héros chrétien, et qui lui fit sans doute une mort aussi
douce que peut l'être celle du champ de bataille.

» Peu après ce testament sublime, Bonchamp rendait
le dernier soupir. Ses restes furent déposés à Varades,
sur la rive bretonne de la Loire. On lui a depuis érigé
en ce même lieu un tombeau d'un style imposant,
destiné à rappeler cette page historique, si honorable
pour sa mémoire.

» Bonchamp avait trente-trois ans quand il mourut.
C'était un homme d'une taille moyenne, d'une belle
et sympathique figure, l'œil doux, les sourcils un peu
élevés, le nez légèrement aquilin. Son visage respirait
une grande mansuétude. »

Monsieur Bernard avait raconté avec émotion ces

scènes empreintes d'une grandeur plus qu'antique, d'une grandeur vraiment chrétienne. Quand il se tut, Alfred prit la parole.

— Si vous avez fait ce récit, dit-il à son oncle, dans le but de prouver que le moyen âge était, en fait d'héroïsme, supérieur aux temps modernes, je me permettrai de remarquer que vous n'avez pas fort bien visé. Votre narration même nous met sous les yeux tout ce qu'une époque récente a enfanté de prodiges. Dans cette malheureuse guerre de Vendée, où des bras fratricides s'armèrent les uns contre les autres, il y eut dans les deux camps des traits admirables de dévoûment, et le patriotisme républicain n'inspira pas de moins beaux sacrifices, que la fidélité au principe monarchique.

— Je suis loin assurément de le nier. Mais j'affirme en même temps, et personne ne me contredira, que ce désintéressement sublime, de quelque côté qu'on le rencontrât, prenait sa source dans une haute idée du devoir, considéré comme unique mobile de nos actions; j'ajoute que cette idée est éminemment chrétienne. Le héros dont je viens de retracer la fin, bien qu'il eût vu le jour dans le XVIIIᵉ siècle, était par sa naissance, son éducation, ses mœurs, ses croyances, un véritable fils des anciens preux. Quant à ses adversaires, ils obéissaient aussi, plus qu'on ne le pense communément, plus qu'ils ne le pensaient eux-mêmes, aux principes que la tradition religieuse avait, à leur insu,

déposés dans leur âme. Toutes ces idées modernes de
progrès industriel, de mercantilisme, de satisfaction
exclusive accordée aux besoins matériels, n'étaient pas
moins étrangères aux *bleus* qu'aux *blancs*.

— Il y a d'autres idées modernes que celles que
vous venez d'énumérer.

— Pourrais-je à mon tour, placer mon mot? demanda en cet instant mademoiselle Edmée.

— Je le concède volontiers, répondit en riant son
oncle. Certains de nos contemporains qui vont beaucoup plus loin que moi, je le déclare, travaillent avec
ardeur à ce qu'ils appellent l'émancipation de la femme. Moi, je trouve que les femmes ont toujours eu
assez d'indépendance. Quand on ne la leur a pas donnée, elles ont su la prendre. Néanmoins, au nom des
idées modernes, Mademoiselle, vous avez la parole.
Quant à mon respectable et respecté contradicteur,
il est trop fidèle aux maximes de la chevalerie, pour
ne pas se montrer prodigue de soins et de galanteries
envers le sexe délicat et charmant qui... *et cætera*....

— Laissez-moi donc parler et écoutez-moi. Tu vas
peut-être, mon frère, me trouver bien osée de balbutier
philosophie et de me lancer dans des raisonnements.
Rassure-toi, je ne prétends point marcher sur les
traces de madame de Staël, ni sur celles d'aucune
célébrité féminine. Le bon sens suffit à défaut de
science et de profondeur de génie. Or, Dieu merci, nous
n'en sommes pas plus dépourvues que vous autres,

hommes vains et orgueilleux. Aussi nous arrive-t-il quelquefois de résoudre, tout simplement et comme d'instinct, bien des questions devant lesquelles s'arrête le sexe fort, intelligent et barbu qui... *et cœtera*.... Revenons à nos moutons, je veux dire aux idées modernes. Je pose un principe : Il y a de bonnes idées et de mauvaises idées, tout comme il y a des idées roses et des idées noires, des idées gaies et des idées qui font pleurer. Second principe : Il y a des idées chrétiennes. Ce sont celles que je trouve exprimées dans l'Evangile, ou qui sont conformes à l'enseignement de l'Eglise. Celles-là sont nécessairement vraies et bonnes, car elles viennent de Dieu. Quant aux autres, puisque le vrai s'y mêle au faux, la meilleure méthode à employer pour en faire le discernement consiste à les rapprocher des idées chrétiennes et à voir si celles-là s'accordent avec celles-ci. Si oui, nous pouvons les accepter sans crainte; si non, n'hésitons pas à les repousser.

— Mais dans le cas où il y aurait incertitude?

— Eh bien! nous demeurerions en suspens. Il y a tant de choses que nous devons nous résoudre à ignorer.

Ici madame Ardant intervint dans le débat.

— Je pense, dit-elle, qu'il existe toujours une ressource précieuse, c'est de rectifier les idées erronées et d'assurer les douteuses en les *christianisant*. De la sorte, on n'a pas à craindre de faire fausse route.

CHAPITRE VI.

L'abbaye de Meilleray. Encore une discussion. Les moines et les
socialistes. Châteaubriant. Souvenirs de la belle Françoise de
Foix. Une réhabilitation. La bataille recommence. Blain.
Saint-Gildas-des-Bois.

Sur la route d'Ancenis à Châteaubriant s'élève, dans
un site en harmonie avec les pensées de ceux qui l'habitent, l'abbaye de la Meilleraye, ou mieux de Meilleray.
Fondée en 1145, par des religieux de l'ordre de
Citeaux, lesquels suivaient, comme on sait, la règle de
Saint-Benoît, cette sainte maison est occupée depuis
1809 par l'austère congrégation des Trappistes. Le
séjour des religieux a rendu la vie au monastère
longtemps abandonné. Une exploitation agricole de la
plus grande importance, réunit sur ce point plus de
cent moines, sans compter les servants et les fami-
liers. De magnifiques résultats ont été obtenus par ces
rudes et intelligents laboureurs, et leur exemple a
déterminé dans toute la région avoisinante de réels
progrès en fait de culture. L'abbaye de Meilleray a
fondé trois colonies, en Angleterre, en Irlande et en
Amérique. Elle a également fourni plusieurs sujets à
l'établissement de Staoueli près d'Alger

Comme on approchait de l'abbaye, la conversation vint à rouler sur les hôtes de cette sainte maison.

— C'est là, disait avec chaleur monsieur Bernard, c'est là qu'il faut étudier, et, pour ainsi dire, prendre sur le vif une des plus puissantes créations de l'esprit qui prévalait au moyen âge[1], je veux dire une association dont les membres ne sont guidés que par des mobiles absolument désintéressés, et qui réalise une sorte de petite cité se suffisant à elle-même. Les Trappistes dont, au surplus, les besoins sont extrêmement limités puisqu'ils ne se nourrissent que de légumes et de laitage, et que leurs vêtements consistent en une longue robe de laine sans linge, ne font, en effet, rien venir du dehors. Ils comptent parmi eux des charpentiers, des maçons, des cordonniers, en un mot, des ouvriers exerçant toute espèce de métier. Libres de tout assujettissement aux exigences du monde, ils se font du bien à eux-mêmes et en font aussi aux autres. Vivant dans une quiétude profonde, ils ne troublent point la paix du dehors. L'imagination peut-elle rêver quelque chose de supérieur ici-bas?

Le vieil antiquaire triomphait. Le jeune progressiste, sur les lèvres duquel se dessinait un malin sourire, s'apprêtait à lui disputer la victoire.

----

(1) Personne n'ignore que la réforme de la Trappe, est due à l'abbé de Rancé qui vivait au XVIIe siècle. Il n'en est pas moins vrai que c'est au moyen âge qu'il faut remonter si l'on veut étudier le plus grand développement des institutions monastiques.

— Quand nous aurons des phalanstères, dit-il non sans hésiter un peu, toutes ces *moineries* qu'on admire maintenant, et avec quelque raison, je l'avoue, paraîtront bien peu de chose. Les monastères ne sont que l'enfance de l'organisation sociale.

Monsieur Bernard haussa les épaules de pitié.

— Peut-on comparer, s'écria-t-il, une sainte réunion d'hommes qui renoncent à toutes les jouissances matérielles de la vie, et, sacrifice encore plus grand! qui abdiquent leur propre indépendance, à une société de personnes obéissant uniquement, suivant le grand principe de Fourrier, à *l'attraction passionnelle*, c'est-à-dire, cédant sans remords à toutes leurs convoitises? Votre phalanstère, mon cher ami, si vous parveniez jamais à en établir un, ce serait, pardonnez-moi la rudesse de l'expression, ce serait *la cour du roi Pétau.* Tout le monde voudrait commander, et personne ne se soucierait d'obéir.

— Vous semblez ignorer, mon oncle, qu'il règnerait dans son sein une forte hiérarchie basée sur l'élection.

— Votre hiérarchie ne tiendrait pas un jour, à moins que ceux qui auraient l'autorité en main, ne s'entendissent pour se maintenir au pouvoir par la force. Et dans ce cas, vous retomberiez à peu près dans les conditions ordinaires de la société, où le gouvernement a besoin de se faire craindre, s'il veut être respecté, parce qu'il existe, partout et toujours, des instincts d'insubordination qui conspirent contre l'ordre établi. Or, ces instincts pervers seraient plus développés et plus remuants chez vous que chez nous, parce que nous, nous avons la contrainte morale que nous savons nous imposer, tandis que vous, vous ne reconnaissez par principe aucun frein.

— Pardonnez-moi. Je ne trouve pas mauvais que la force assure respect et obéissance à la loi.

— Je le crois bien, car à quoi servirait la force sans cela? Le bon Dieu ne l'a créée que pour la mettre au service du droit. Mais je dis qu'en appliquant ce principe que, d'accord avec moi, vous proclamez comme une des bases de l'ordre social, vous seriez en contradiction avec vous-même. Ne déclarez-vous pas, en effet, que l'homme se fait à lui-même sa loi, que cette loi n'a pas d'autre origine que l'intérêt personnel, et qu'elle est dépourvue de toute sanction sérieuse, puisqu'il n'y a pas d'avenir au delà du tombeau ?

— Oh! mon oncle! dit Alfred en rougissant, vous avez tort de m'imputer de pareilles maximes. Elles m'ont toujours fait horreur.

— J'en suis persuadé, car les hommes qui les professent se mettent au-dessous des sauvages les plus dégradés. Ceux-là, quels que soient le désordre de leurs pensées et la brutalité de leur conduite, ont, du moins, conservé au fond de leur conscience des vestiges de la loi morale, et nourrissent certaines espérances d'immortalité.

« Pour en revenir à l'association sans réserve des

forces et à la mise en commun des biens, ces deux choses ne peuvent se réaliser que là où règnent un désintéressement absolu et une complète soumission à un supérieur. Les hôtes de Meilleray sont des moines, c'est-à-dire, qu'ils s'engagent par les vœux de pauvreté et d'obéissance. Voilà pourquoi ils font de bonnes et grandes choses, voilà pourquoi ils durent; j'ajoute, qu'ils sont sobres et chastes et ont peu de souci de ce qui ne sert qu'à flatter le corps. Mettez à leur place des hommes sensuels, cupides et indociles, ils briseront les liens de la plus savante organisation. Et vous aurez de deux choses l'une, ou l'anarchie, ou le despotisme. Je me résume : si vous voulez que la société en général devienne aussi heureuse, aussi florissante que cette association particulière à laquelle vous portez envie, faites prédominer partout les vertus que vous admirez ici : le désintéressement, l'esprit de discipline, le mépris du plaisir. Plus vous vous rapprocherez de ce modèle, plus vous réussirez. »

— Mon cher oncle, permettez-moi une toute petite objection. Nul plus que moi ne rend justice au dévoûment de ces religieux qui ne thésaurisent que pour le ciel et consument toutes leurs forces physiques au service de l'humanité. Mais, dans peu de jours, nous visiterons, si vous le voulez bien, la ferme régionale du Grand-Jouan. Vous pourrez apprécier les résultats magnifiques qui ont été obtenus, et là, pourtant, il n'y a pas de moines.

— Eh! qui vous dit, mon cher neveu, que je veuille mettre des moines partout? La grande majorité du genre humain n'est point évidemment appelée à la vie religieuse; mais les vertus monastiques qui sont de précepte pour ceux qui ont formé des engagements sacrés, sont de conseil pour le reste des chrétiens. Ne vous enfermez pas dans un cloître si Dieu ne vous y attire pas; mais du monde où vous resterez, jetez de temps en temps un coup d'œil sur ceux qui en sont sortis et dites-vous : ce sont mes frères, après tout, ce sont même mes frères aînés. Il faut que je m'efforce de suivre, au moins de loin, leurs traces vénérées.

« L'exemple que vous alléguez, confirme ma manière de voir. A Grand-Jouan il y a une école d'agriculture. Vingt-cinq enfants en suivent les cours. Leur destinée est de devenir des contre-maîtres intelligents, propres à diriger des exploitations rurales. Croyez-vous qu'ils ne soient assujettis qu'à un *travail attrayant?* qu'ils ne soient pas obligés de plier sous la règle? Il y a aussi une colonie agricole qui se compose de familles de laboureurs pauvres, conduisant leur culture d'après les avis et à l'aide des avances du savant directeur de l'établissement, M. Rieffel, dont le nom est européen. Ne voyez-vous pas là, pauvreté et discipline? Si vous sortiez des limites du département, et que vous vinssiez dans celui des côtes du Nord, vous auriez sous les yeux un spectacle encore plus instructif. La colonie agricole de Saint-Ilan, près Saint-Brieuc, vous montrerait tout ce qu'on peut obtenir de résultats merveilleux au moyen de la règle, du labeur et de la pratique de la religion. »

La conversation finit là, car il faut que toute conversation finisse; mais elle fut reprise quand on entra dans Châteaubriant, chef-lieu d'un des arrondissements de la Loire-Inférieure. Maître Alfred, qui avait été obligé de s'avouer tout bas battu dans la discussion relative aux mérites comparatifs d'une abbaye de Trappistes et d'un phalanstère fourriériste, tenta de prendre sa revanche. Il recueillit tous ses souvenirs, se cogna le front et ouvrit la lutte, sans démasquer d'abord toutes ses batteries.

— Châteaubriant, dit-il, a conservé sa vieille enceinte de murs. Car c'était une ville fortifiée dans ce bon vieux temps où l'on se battait sur tous les points de notre belle France. De nos jours, au moins, quand la guerre éclate, elle ne sévit guère qu'aux frontières. Voici le château; j'y distingue deux époques et deux parties. Ici, l'antique donjon féodal, œuvre chérie des Brient[1], assis sur un monticule. Les pans de muraille

(1) D'après l'histoire généalogique de P. du Paz, les seigneurs de Châteaubriant auraient tiré leur origine de la maison ducale de Bretagne par Brient, quatrième fils d'Eudes, comte de Penthièvre et de Goëllo. Mais cette opinion n'a point été admise par D. Morice. Le Brient, fondateur du château auquel il donna son nom, était fils d'un chevalier, nommé Tihern. (Tyrn, dans les actes rédigés en breton, a la signification de *chef, prince, tyran-*

crevassés et tapissés de lierre font, j'en conviens, un bel effet. Plus loin, la main du temps, aidée de celle des hommes, a fait des ruines magnifiques, telles que vous les aimez, mon bon oncle. Toutefois, les pierres ébranlées et désunies par la sape sont restées disjointes, mais elles ne sont pas tombées à terre. Remarquez ces tours jumelles. Tranchées de haut en bas, par le milieu, elles laissent voir à travers cette terrible fente toute leur distribution intérieure primitive; au dehors elles ont conservé leur forme tubulaire. A voir du côté de la tour à quelle profonde blessure ont survécu ces géants, dit un écrivain de nos jours[1], à qui j'emprunte cette description, on dirait des combattants de l'Arioste qui chevauchent encore à travers la mêlée, après avoir été pourfendus par un fer ennemi.

L'oncle, interpellé, se hâta de répondre au feu.

— Cette durée, en quelque sorte éternelle, dit-il, prouve en faveur des architectes du moyen âge. Ils savaient édifier avec solidité, comme l'attestent ces masses indestructibles. Ils n'ignoraient point non plus l'art de faire du gracieux et du sublime; témoin nos admirables cathédrales gothiques qu'il ne faut jamais

nus). Cette seigneurie passa plus tard à la maison de Laval. Une branche, dite de Beaufort, s'était formée dans le XIIIe siècle. On croit que c'est à cette branche que se rattachait le célèbre auteur du *Génie du Christianisme*.

(1) M. de la Pilorgerie, dans le nouveau dictionnaire d'Ogée.

perdre de vue, quand on parle des monuments ins-
pirés par le génie chrétien.

— J'aurais mauvaise grâce à nier ce que vous affir-
mez. Mais visitons la partie moderne du château. Que
dites-vous de ces restes de galerie à colonnade, en
belle pierre bleue, et de cet escalier en spirale qui conduit aux anciens appartements que la tradition désigne
comme ayant été habités par Françoise de Foix? Vous
savez, la fameuse Françoise de Foix!

— Halte-là, mon neveu. Permettez-moi de redres-
ser votre facile et douteuse érudition. Je ne souffrirai
pas qu'on calomnie la mémoire d'une des plus belles
et des plus vertueuses femmes de son temps. Vous
avez lu, sans doute, dans certains chroniqueurs que je
m'abstiens de nommer, parce que ce serait une tentation dangereuse pour de jeunes lecteurs trop curieux,
vous avez lu, dis-je, que cette dame avait été infidèle
à son époux, Jean de Laval, baron de Châteaubriant,
et gouverneur de Bretagne; qu'elle l'avait trahi pour
le roi François Ier, dont les mœurs, hélas! trop con-
nues, n'auraient point répugné à une pareille aventure. On ajoute que le mari outragé vengea sa honte
en faisant ouvrir les veines à la belle et infortunée
Françoise, qui mourut cinq jours après l'opération.
Voilà, j'en conviens, des détails précis, et qui semblent
provenir d'informations positives. Maintenant, écoutez
la réfutation.

« L'ingénieux auteur de cette lugubre tragédie a en

le tort de nous en donner la date. C'est en 1526 que
cette sanglante sentence du tribunal domestique aurait
été exécutée. Or, il est certain que Françoise de Châteaubriant ne mourut que le 16 octobre 1537, onze
ans, par conséquent, après le moment où les faiseurs
d'historiettes scandaleuses la clouaient si dramatique-
ment dans le cercueil. Lisez d'ailleurs l'épitaphe élo-
gieuse que son époux fit graver sur son tombeau. On
la voyait encore du temps d'Ogée, c'est-à-dire peu de
temps avant la Révolution, avec son effigie en marbre
blanc, dans l'église de la Trinité, maintenant détruite.

PEU DE TELLES.

Sous ce tombeau gît Françoise de Foix,
De qui tout bien un chacun voulait dire,
Et le disant, onc une seule voix
Ne s'avança d'y vouloir contredire :
De grand'beauté, de grâce qui attire,
De bon savoir, d'intelligence prompte,
De biens, d'honneurs, et mieux qui ne raconte,
Dieu éternel richement l'étoffa.
O viateur, pour t'abréger le conte,
Ci gît un rien là où tout triompha.

PROU DE MOINS.   POINT DE PLUS.

» Enfin, notez que le vicomte de Lautrec, frère aîné
de la comtesse, se doutait si peu de l'acte de barbarie
imputé à son beau-frère que, lorsqu'il mourut en
1528, il le chargea de la tutelle de sa fille unique,
Claude de Foix.

» Et voilà comment on écrit l'histoire, comment on

flétrit les réputations les plus respectables! Grâce à
Dieu! les attraits extérieurs ne cachent pas nécessairement un cœur corrompu : il arrive souvent, au contraire, que la beauté de l'âme jette un vif éclat et
comme un céleste rayonnement sur sa fragile enve-
loppe. »

En disant ces derniers mots, monsieur Bernard jeta
un regard de complaisance sur sa gentille nièce, qui
avait l'air d'écouter avec une grande attention.

— Je vous remercie beaucoup, mon cher oncle, dit
mademoiselle Edmée, en faisant la révérence, d'avoir
bien voulu venger le sexe auquel j'ai l'honneur d'ap-
partenir, en réhabilitant Françoise de Foix. La plupart
du temps, ce sont des hommes qui écrivent l'histoire,
et ils ne se gênent pas pour parler légèrement des
femmes les plus illustres.

— Mon oncle, reprit à son tour Alfred, en riant aux
éclats, mais d'un rire un peu forcé, vous plaidez contre
vous. La belle, l'innocente, l'irréprochable Françoise
de Foix était une dame moderne, puisqu'elle vivait
dans le XVIᵉ siècle. Ainsi, en l'exaltant jusqu'aux nues,
vous ne faites que confirmer ma thèse, à moi qui sou-
tiens que la moralité a toujours été en croissant depuis
l'origine du moyen âge jusqu'à notre époque.

— Mon cher, je ne me repentirai jamais d'avoir
détruit une calomnie et rétabli la réputation d'une
femme. Son âge, son rang, sa date dans l'histoire,
tout cela m'importe peu.

— C'est le triomphe de la galanterie chevaleresque!

En devisant ainsi d'un ton de bonne humeur, nos voyageurs parcouraient le château. La plupart des ornements qui décoraient jadis la chambre de Françoise de Foix ont disparu. Les boiseries du plafond offrent encore, toutefois, des restes de dorure. On remarque aussi le chambranle en bois sculpté de la cheminée. Dans la galerie mentionnée plus haut, on voyait jadis une fresque, représentant les aventures de l'*Enfant prodigue* : il n'en subsiste que de faibles vestiges. Quant au couvent de la Trinité où reposait la dépouille mortelle de Françoise, il a été converti en habitation privée, et les restes de la belle calomniée ont été dispersés. Ainsi, la persécution, après lui avoir ravi jusqu'à l'honneur, n'a pas même laissé ses ossements en paix.

Bientôt la bataille recommença.

L'antiquaire, non content d'avoir réduit Alfred au silence, voulut poursuivre sa victoire.

— Vous vous imaginez peut-être, jeune homme, lui dit-il, que l'industrie, du moins, a fait des progrès à Châteaubriant. Détrompez-vous. Les manufactures de drap et de serge, autrefois florissantes, sont maintenant loin de prospérer. La préparation des peaux destinées à la ganterie occupe un moindre nombre d'ouvriers.

Cette fois-ci Alfred eut la réplique.

— Si l'on fabrique moins de draps de laine et de

gants de peau, dit-il, c'est que les troupeaux de moutons et de chèvres ont diminué. Si ces troupeaux ont
diminué, c'est que les vastes espaces incultes où ils
trouvaient une sèche et maigre pâture, se sont de plus
en plus restreints, pour faire place à des champs cul-
tivés. L'agriculture a grandement bénéficié de ce qui
n'a causé qu'un léger préjudice à l'industrie proprement dite. On a un peu perdu et gagné beaucoup.

— Allons! soit! mon pauvre garçon, je te concède
cela. Je ne veux pas toujours avoir raison.

— Dites que vous ne pouvez pas, murmura entre
ses dents monsieur Alfred.

Nos voyageurs ne firent que traverser Blain, aujour-
d'hui simple bourgade sans importance, mais qu'un
archéologue distingué, mort depuis peu, avait voulu
élever au rang d'ancienne capitale des Nannètes. Suivant monsieur Bizeul, la présence sur un terrain de
cinquante hectares d'étendue, de tuiles à rebord, de
poteries rouges et fines, de fondation de murailles, la
rencontre en ce même lieu de sept voies romaines, dont
trois venaient de Rennes, de Vannes et d'Angers, un
tumulus que l'on aperçoit encore dans une prairie près
du Pont-Neuf, sur la route qui conduit à Savenay, et
qui est connu sous le nom de *Pic du capitaine*, et enfin
un camp, nommé les *Garennes*, de forme elliptique, qui
touche à l'ancienne enceinte habitée, attestent que là
se trouvaient un grand centre d'affaires et une nombreuse population. Mais passons. Hâtons-nous d'arriver

à Saint-Gildas-des-Bois, où nous attendent des souvenirs un peu plus récents, quoique d'une date encore fort reculée.

Dans le cimetière contigu à l'église, on voyait avant la Révolution un petit bâtiment, maintenant détruit, où les bénédictins de l'abbaye voisine donnaient des soins paternels à de pauvres insensés. Ce lieu est encore aujourd'hui le but d'un pèlerinage. On y invoque saint Gildas, dit le Sage, patron de cette localité. Sa légende est curieuse. Alfred, qui l'avait étudiée avec soin, en détacha un fragment dont il fit part à ses bénévoles auditeurs, dans une intention qu'il n'est pas difficile de deviner.

CHAPITRE VII.

Légende de saint Gildas. Triphine et le tyran Conmor.
Puissance de la prière.

« Gildas était fils d'un des petits rois qui se partageaient le sol de l'île de Bretagne. L'année de sa naissance, 494, fut signalée par la grande victoire, surnommée *Badonique*, que les insulaires remportèrent à Banesdowe sur les Saxons. Les triomphes de la patrie, malheureusement éphémères, saluèrent ainsi ses premiers pas dans le monde. Mais Gildas était destiné à

assister aux désastres les plus terribles qui puissent
affliger une nation. Il vit la marée montante des inva-
sions germaniques gagner de proche en proche et
détruire successivement toutes les principautés indigènes. Et quand il mourut en 590, la conquête de l'île
entière était à peu près accomplie. On sait quelles
affreuses calamités accompagnèrent cette déplorable
crise. Les Bretons, faibles et divisés, fuyaient, dit un
historien, devant leurs audacieux vainqueurs, comme
devant le feu. Ces scènes de deuil et d'effroi produisi-
rent sur l'âme de Gildas l'impression la plus vive : et
il en traça lui-même, d'une main émue, la douloureuse
image, dans l'écrit fameux qui porte ce lamentable
titre : *La ruine de la Bretagne.*

» Cette guerre d'extermination le chassa de sa patrie
désolée. Il vint se fixer sur la côté méridionale de
l'Armorique, dans la presqu'île de Rhuys[1], où il fonda
un monastère qui devint bientôt florissant. Des compatriotes l'avaient précédé dans ce pays : ils y avaient
transporté leurs mœurs, leur religion, leur ordre social
et politique. Gildas ne se trouva donc point transporté
dans un milieu tout à fait étranger. Mais il eut à combattre les superstitions druidiques auxquelles les indigènes étaient demeurés fortement attachés, et dont les
monuments informes se voient encore maintenant dans
ce canton, sanctuaire privilégié du culte des anciens

(1) Près de Vannes. (Morbihan.)

Gaulois. Des menhirs[1], des dolmens[2], une grotte aux fées[3], témoins indestructibles des vieux âges, montrent leur masse imposante près du bourg actuel de Saint-Gildas-de-Rhuys.

» A l'époque où l'émigré breton rompait le pain de la parole évangélique aux populations grossières de ce pays, l'Armorique était le théâtre de sanglantes tragédies. Un chef puissant, nommé Conmor, c'est-à-dire grand roi, avait étendu sa domination sur la plus vaste partie de la Péninsule. Sa tyrannie, ses extravagantes cruautés le faisaient détester de tous. Devançant de plusieurs siècles, par sa froide barbarie, le fameux Gilles de Retz, plus connu sous le nom de *Barbe-Bleue,* Conmor avait successivement pris plusieurs épouses, qui toutes avaient disparu d'une façon mystérieuse. Le bruit courait que ce misérable immolait ses femmes sans pitié comme sans remords. Les plus influentes familles du pays avaient d'abord, par ambition, brigué son alliance. Mais depuis qu'on savait de quelle façon funeste se terminaient les unions qu'il contractait, aucun père de famille ne consentait à livrer sa fille à un pareil monstre. Cet homme, dont les passions étaient

(1) Ou *pierres droites.* Elles s'élèvent verticalement.

(2) Ou *tables de pierre.* Deux ou trois blocs supportent une pierre plate posée horizontalement.

(3) On appelle ordinairement de ce nom une enceinte formée de pierres gigantesques et recouverte par de larges dalles.

violentes et l'orgueil intraitable, souffrait infiniment de
cette espèce de mise au ban de la société bretonne.
Pour la faire cesser, il s'adressa au vénérable Gildas,
dont l'autorité était incontestée. Le saint homme, qui
connaissait la scélératesse de Conmor, répondit d'abord
par un refus absolu.

» Il craignait de servir d'instrument à sa perfidie,
et de devenir complice involontaire de quelque nouvel
attentat.

» Sur ces entrefaites, Conmor étant allé rendre visite
à Guérech, comte de Vannes, un de ces émigrés bretons dont j'ai parlé plus haut, vit sa fille ainée Triphine, dont la beauté l'éblouit. On la disait, du reste,
douée de toutes les vertus, ce qui ne doit pas surprendre, car elle avait été formée à la pratique du bien
par le saint abbé de Rhuys lui-même.

» Le tyran, frappé de ses attraits, que relevait une
rare modestie, la fit demander en mariage à son
père; mais il fut rudement éconduit.

» Le comte de Vannes se chargea d'expliquer les motifs de son refus. « Je ne puis, dit-il, donner ma fille à
un maître impitoyable qui lui plongerait le poignard
dans le sein. Croit-il donc que j'ignore comment ont
fini toutes ses épouses? Ma fille n'augmentera pas la
liste de ses tristes victimes. »

» Conmor, comme je l'ai dit, était dévoré d'orgueil.
La réponse de Guérech le blessa vivement, sans toutefois le décourager. Ce fut, au contraire, pour sa pas-

sion, un nouveau stimulant. Il résolut, à force d'obsessions et de promesses, de triompher des résistances qu'on lui opposait. Il proposa, en conséquence, au comte, de lui donner tous les otages qu'il exigerait, comme garants de son repentir et de sa loyauté. Guérech lui fit savoir que nulle caution ne pourrait le rassurer, « à moins, ajouta-t-il, que le vénérable Gildas lui-même ne se porte fort pour vous. » Il connaissait assez l'abbé de Rhuys pour être sûr que celui-ci ne voudrait point, à la légère, assumer sur sa tête une telle responsabilité.

» En effet, Gildas à qui le tyran s'adressa de nouveau dans sa détresse, déclara qu'il ne fallait pas compter sur lui. « Eh quoi ! dit ce saint personnage, Conmor est aussi dissimulé que cruel. Ses serments ne m'inspirent aucune confiance. De quel crime ne me rendrais-je point coupable devant Dieu, à quels reproches ne m'exposerais-je point de la part d'une famille éplorée, si par mon imprudence j'allais causer la mort d'une pure et innocente jeune fille ! »

» Gildas pourtant se ravisa. Soit qu'il se fût laissé convaincre par les protestations de Conmor, soit qu'il se fût aperçu qu'en dépit des refus allégués par le comte de Vannes, celui-ci désirait en secret une union qui flattait sa vanité, et qu'il pensât que dès lors son intervention pourrait être utile, soit plutôt qu'éclairé par une lumière surnaturelle, il lût dans l'avenir que Dieu prendrait en main la cause de l'innocence, il quitta son monastère et se rendit au lieu où les deux chefs, déjà réunis, l'attendaient de concert. Dès qu'il parut, le père de Triphine courut à lui et lui dit : « Voici ma fille, donnez-lui la main ; je vous confie ce précieux dépôt. Si vous refusez de la recevoir, jamais cet homme ne sera son époux. » Le bienheureux Gildas répondit avec assurance : « Remettez-moi sans crainte votre enfant. Au nom de Dieu tout-puissant, je vous promets de vous la rendre sauve. » Conmor, ivre de joie, reçut des mains de l'abbé de Rhuys sa tremblante fiancée et l'emmena dans son manoir.

» Les noces se firent avec une grande solennité. Durant les premiers temps de leur union, les deux époux vécurent dans une intimité pleine de charmes. Le rude chef breton avait dépouillé, pour plaire à la douce Triphine, ses manières farouches. Désireux avant tout de gagner les bonnes grâces de sa jeune femme, il se montrait envers elle prodigue des plus tendres caresses. Son attitude changea tout à coup. Il s'était aperçu que Triphine serait bientôt mère.

» Dès lors, au lieu de sentir ses entrailles paternelles s'émouvoir, il devint semblable à un fou. Ses cruels instincts, qu'il croyait étouffés et qui n'étaient qu'endormis se réveillèrent, et il éprouva une violente tentation de se débarrasser à la fois de sa femme et de son enfant. Il hésitait cependant, car son serment se dressait devant son crime, et il se disait que quelque secrète que fût la disparition de Triphine, il ne pourrait trom-

per le saint homme qui avait reçu sa promesse et qui
ne manquerait pas de tirer de sa parole faussée une
vengeance éclatante. J'incline à croire qu'il redoutait
beaucoup plus saint Gildas que le bon Dieu lui-même.
Tant la perversité du cœur obscurcit le jugement! .

» Cependant, dit la légende, l'esprit de malice ne ces-
sait de suggérer à Conmor d'affreux desseins. Habile à
prendre les hommes par leur faible, il s'attaquait du
côté de l'amour-propre. « Pourquoi balancer? lui souf-
flait-il à l'oreille. Est-ce que ce moine te fait peur?
Allons! sois homme et montre un peu d'énergie. Crois-
moi! il faut persister dans ta première résolution. »
D'un autre côté, la malheureuse Triphine, qui se doutait, d'après divers indices, et notamment d'après les
regards furieux que lui lançait de temps en temps son
mari, des projets homicides que celui-ci nourrissait
contre elle, Triphine se crut perdue si elle demeurait
plus longtemps sous le même toit. Elle prit donc
secrètement la fuite pour se dérober à l'affreux sort
qui la menaçait. A cette nouvelle, Conmor, indigné
qu'on suspectât sa loyauté et sa tendresse, sans s'apercevoir que sa propre conduite justifiait les soupçons
mêmes qui lui paraissaient si odieux, court à la pour-
suite de sa femme. Il n'eut pas de peine à la rejoindre,
car l'infortunée Triphine avait été obligée de ralentir
sa marche.

» Il l'atteignit à l'entrée des avenues d'un manoir situé
hors les faubourgs de Vannes. La fille du comte Gué-

rech apercevait déjà le château de son père, qui lui offrait toute sécurité, elle se croyait sauvée, lorsqu'elle entendit un grand bruit de chevaux et de cavaliers derrière elle.

» C'était son cruel mari, c'était Conmor, suivi d'une escorte, qui galopait sur la même route qu'elle.

» Ici j'emprunte le récit du bon Albert-le-Grand. « Se voyant découverte, elle descend de sa haquenée, et va, tout éperdue de crainte, se cacher dans des halliers, en un petit bocage, là auprès. Mais son mari la chercha si bien qu'il la trouva. Lors, la pauvre dame se jette à genoux devant lui, les mains levées au ciel, les joues baignées de larmes, lui crie merci. Mais le cruel bourreau ne tient compte de ses larmes, l'empoigne par les cheveux, lui desserre un grand coup d'épée sur le col et lui *avale* (descend) la tête de dessus les épaules, et laissant le corps sur la place, s'en retourne chez soi. »

» Ce tragique événement a laissé des traces dans la mémoire des populations. Il n'y a pas encore long-temps, nous apprend un écrivain contemporain, qu'on chantait à Auray, le jour de la fête de saint Gildas, des rimes latines qui célébraient cette aventure. Mais nous ne sommes pas au bout de la narration.

» Le comte Guérech fut promptement informé de ce qui venait de se passer. Au lieu de se livrer à de stériles lamentations, comme c'était un homme animé d'une foi vive, il envoya sur-le-champ vers Gildas un messa-

ger avec mission de le sommer de tenir sa promesse.
« C'est vous qui êtes la cause de la perte de ma fille,
lui fit-il dire ; rendez-la-moi. Sachez que celui qui l'a
reçue de votre main, en qualité d'épouse, l'a mécham-
ment mise à mort. » A cette nouvelle, le saint homme,
vivement ému, se lève et va trouver Conmor. Celui-ci,
que le remords tourmentait déjà, avait pris la fuite, et
s'était retiré, comme pour éviter le châtiment que
méritait son crime, dans un château situé en un lieu
escarpé.

» Quand le tyran apprit que le moine approchait, il
se mit à trembler de tous ses membres, car il savait
fort bien qu'en immolant sa femme, il l'avait grandement offensé. La vue de l'homme de Dieu devait être
pour lui un spectacle insupportable. Il défendit au por-
tier du château de le laisser entrer. Gildas frappa donc
vainement à la porte. Des ricanements moqueurs furent
la seule réponse qu'il obtint. Mais ces méchantes gens
ne devaient pas rire longtemps. L'abbé était venu
moins pour punir un horrible attentat que pour exciter
dans l'âme du coupable une salutaire terreur. Voyant
que ses intentions étaient méconnues, il se mit à genoux
et pria Dieu de faire éclater sa justice, puisque sa misé-
ricorde était repoussée. Sa prière achevée, il prit une
poignée de poussière et la jeta contre le château. Aussitôt, par la permission divine, ces tours orgueilleuses
s'écroulèrent, et le tyran, atteint par leur chute, fut
grièvement blessé. Il périt plus tard à une grande

bataille, livrée dans les montagnes d'Arrez, qui mit fin à sa cruauté et à son empire usurpé.

» Cependant l'innocente victime de la barbarie de Conmor avait été transportée à Vannes où on l'exposa dans une salle du château qui appartenait à son infortuné père. La foule indignée, admise à contempler ces traits que la mort avait touchés, entourait en frémissant le cadavre sanglant et manifestait tout haut sa pitié. Tout à coup Gildas arrive : il se prosterne la face contre terre et exhorte le peuple présent à l'imiter ; il prie avec ferveur. Puis, animé de cette foi qui opère des miracles, il rapproche la tête de ce corps affreusement mutilé, et, s'adressant à la morte : « Triphine ! s'écrie-t-il d'une voix forte, au nom du Dieu Tout-Puissant, Père, Fils et Saint-Esprit, je te commande de te lever et de me dire d'où tu viens ! » La légende ajoute que Triphine se leva sur-le-champ, pleine de vie et de santé. « Aussitôt que j'ai reçu le coup de la mort, dit-elle pour obéir au thaumaturge, j'ai été accueillie par les anges qui m'ont placée dans un char, comme pour me conduire au ciel et me réunir au chœur des martyrs. Mais, à ton appel, j'ai sur-le-champ quitté cette glorieuse compagnie et je suis revenue sur la terre. » Gildas mit la main de Triphine dans la main de son père, et dit à ce dernier : « Je vous rends le dépôt que vous m'aviez confié. » Mais elle se mit à protester avec serment qu'elle ne se séparerait point de son sauveur. Gildas refusa pourtant de l'emmener

avec lui. Il la fit entrer dans un couvent de religieuses
où elle mourut en odeur de sainteté après avoir donné
le jour à un fils, qui a lui-même été mis au nombre
des bienheureux. »

CHAPITRE VIII.

Réflexions. Pontchâteau. Erection de son calvaire. Récit
des premières années du XVIIIe siècle.

— Vous nous avez raconté là, mon frère, l'histoire
de Barbe-Bleue, dit mademoiselle Edmée.

— Ou plutôt sa légende, observa madame Ardant.
En tout cas, sa légende vaut mieux que son conte, tel
qu'on le fait aux enfants.

— La légende est plus morale, dit monsieur Bernard. Quant à saint Gildas, c'était réellement un saint
personnage qui, par ses miracles, ses prédications et
l'exemple de sa vie mortifiée, contribua à la conversion de tout le pays. Il fut, après sa mort, l'objet
d'une grande vénération. En 1036, Simon, seigneur
de la Roche-Bernard, fonda dans le bourg où nous
sommes, une abbaye où vivaient huit bénédictins. Ces
moines ont été remplacés, après diverses péripéties,
par de bonnes religieuses qui, sous le nom de *Sœurs
de l'Instruction chrétienne,* se dévouent à l'instruction

des petites filles des campagnes. Saint-Gildas-des-Bois est leur principal établissement. Ainsi ces murs, élevés par la piété de nos pères, continuent à abriter des personnes qui font le bien au nom de Jésus-Christ.

— Voilà précisément où je voulais en venir! s'écria d'un ton de triomphe le narrateur. Quelles horreurs dans le récit d'un événement qui remonte au VI⁰ siècle! Et aujourd'hui, par un heureux contraste, quelles douces et humbles vertus paisiblement pratiquées!

— C'est aux victoires de la Croix et de l'Évangile, qu'il faut attribuer ce prodigieux changement, répondit monsieur Bernard. Nos ancêtres armoricains étaient idolâtres, ou tout au plus à demi-convertis, et nous sommes chrétiens.

Nos voyageurs se remirent en route. Après avoir traversé Missillac, et visité son église, dont les beaux vitraux attirèrent leur attention, ils arrivèrent à Pont-château, dont le calvaire, élevé par les soins du père Grignon de Montfort, est demeuré célèbre. A monsieur Bernard échut la tâche de raconter les circonstances touchantes qui se rattachent à son érection. Il prit la parole en ces termes :

— Vous voyez cette vaste lande, d'environ deux lieues de circuit, dont le centre s'élève en forme de mamelon, de manière à dominer un horizon immense. Montfort[1]

---

(1) Grignon de Montfort était un missionnaire célèbre qui évangélisa le Poitou et une partie de la Bretagne dans les pre-

conçut le dessein d'exhausser encore cette éminence naturelle en y faisant porter des terres en quantité considérable; et sur ce point culminant, d'ériger un calvaire gigantesque vers lequel se dirigeraient tous les regards. Idée grande et vraiment digne d'une belle intelligence, sublime hommage à Celui qui voulut être élevé de terre, sur le sommet d'une colline, à la face de Jérusalem tout entière, afin d'attirer le monde à lui.

« Le père Montfort avait précédemment fait sculpter par un artiste qui l'accompagnait dans ses pérégrinations apostoliques un Christ d'une assez grande dimension, et il cherchait depuis longtemps une occasion favorable de l'exposer à la vénération des peuples. A Pontchâteau une tradition dont je suis loin de garantir l'authenticité, ajoutait un motif d'un ordre tout particulier à celui que je viens d'indiquer.

» Quelques paysans prétendaient avoir un jour entendu dans ce lieu désert comme le bruit d'un grand nombre de voix. Ils avaient aussi cru apercevoir dans le ciel des croix étincelantes. Etait-ce comme un écho anticipé de la foule qui devait un jour se réunir là, un reflet miraculeux de l'arbre du salut qui couronne maintenant ce plateau ?

mières années du XVIIIe siècle. Il était né à Montfort dans le département actuel d'Ille-et-Vilaine. (Voir les Parisiens en Bretagne. — Promenades dans le département d'Ille-et-Vilaine, par le même auteur).

» Quoi qu'il en soit, le missionnaire, profitant de la disposition des lieux, se résolut à élever un monument durable dont la croix ferait le plus bel ornement. Armé d'une bêche, il se rend sur la lande, en compagnie de quelques ecclésiastiques et d'une grande affluence de laïques que la nouveauté et la beauté de son projet avaient amenés à sa suite. On trace deux enceintes circulaires ; dans l'intervalle une vaste douve sera creusée. Montfort met le premier la main à l'œuvre : tout le monde l'imite et travaille avec ardeur.

» C'était une œuvre populaire, une œuvre de chrétiens. Tout le monde était convié à y prendre part. Une foule considérable répondit avec empressement à cet appel. On venait à Pontchâteau de douze à quinze lieues à la ronde. L'Espagne même et la Flandre y eurent, à ce qu'on assure, des représentants. Ce devait être un singulier et intéressant spectacle que cette multitude revêtue de costumes variés, car on sait que dans une grande partie de la Bretagne chaque canton diffère du canton voisin sous le rapport des ajustements, se livrant dans un ordre parfait et avec une joie infinie à un travail commun. Les distinctions de naissance, de fortune et de condition étaient complètement oubliées.

» On voyait des ecclésiastiques se mêler aux laïques, de grandes dames unir leurs efforts à ceux des pauvres paysannes, des gens d'épée ou de robe se placer sans dédain auprès des simples laboureurs. Des mains

délicates maniaient la bêche et le hoyau avec autant de
zèle, sinon avec autant d'aisance que les mains cal-
leuses endurcies par un labeur quotidien.

» Une sorte de religieux silence régnait parmi les
travailleurs. Ils sentaient qu'ils accomplissaient une
œuvre de piété et se gardaient de se livrer à une dissi-
pation, à des éclats voisins du scandale. De temps en
temps le chant des cantiques allégeait la fatigue. On
eût dit des accords échappés aux chœurs des esprits
célestes. On récitait aussi le chapelet, cette populaire
et touchante invocation à Marie. Figurez-vous l'*Ave
Maria* répété en chœur par des milliers de personnes,
et vous aurez une idée de l'émotion qui devait se produire dans l'âme de ces chrétiens fervents.

» Un grossier morceau de pain noir faisait leur seule
nourriture : ils se désaltéraient en buvant de l'eau
bourbeuse recueillie dans le voisinage. Le soir venu,
avant de se livrer à un repos péniblement acheté, ces
bons villageois venaient se prosterner devant un
crucifix placé au fond d'une grotte, et sur lequel une
lampe jetait des reflets lumineux. C'était l'unique
récompense de leur zèle, et ils le goûtaient avec un
sentiment admirable. On les voyait contempler l'image
du Sauveur en versant des larmes de componction.
Quinze mois durant, la ferveur du peuple ne se
ralentit point. Pendant ce temps, le père Montfort
prêchait des missions aux environs, à Mussillac, que
nous avons visité, à Herbignac, à Saint-Donatien. Dans

l'intervalle des exercices, il venait en toute hâte sur-
veiller les travailleurs, les encourager de sa présence, de
son exemple et de sa voix inspirée.

» Quand l'ouvrage fut terminé, il présentait à peu
près l'aspect que voici. Un fossé de 1076 pieds de
circonférence, de 36 pieds de largeur et de 12 de
profondeur lui servait en quelque sorte de défense
extérieure. On y avait pratiqué à l'Orient un passage
par où l'on pénétrait sur la sainte montagne. Là, se
trouvaient deux petits jardins nommés, l'un le *Para-
dis terrestre*, l'autre le *Jardin des Oliviers*, souvenirs de
la félicité perdue par la faute de l'homme, reconquise
par le dévoûment d'un Dieu. Sur les bords du fossé
s'élevaient successivement et par gradins deux terrasses
plantées d'arbres verts dont le feuillage sombre et per-
sistant s'harmoniait parfaitement avec la pensée de la
Passion et avec celle de l'Eternité. Les arbres étaient
divisés par dizaine de sorte qu'après dix sapins, il se
trouvait un cyprès, ce qui permettait de réciter facile-
ment la prière de saint Dominique en se promenant
autour de la montagne. Sur la seconde terrasse, Montfort avait le dessein de construire quinze chapelles qui
auraient été consacrées aux quinze mystères du Rosaire. Trois de ces chapelles seulement furent élevées.
Plus loin, un mur de 370 pieds de longueur soutenait,
en le limitant, une espèce de cône tronqué dont la
partie supérieure formait une belle plate-forme sur-
élevée de quarante pieds, au centre de laquelle on avait

planté l'instrument du salut. La plate-forme était entourée d'un mur supportant une claire voie à laquelle on avait suspendu un rosaire gigantesque formé de très-gros grains.

» A la croix haute de cinquante pieds, était attachée l'image du Rédempteur peinte couleur de sang, de ce sang sacré qui coula jadis sur le Golgotha pour le bonheur du genre humain. La tête du Christ, fort inclinée, comme s'il succombait sous le poids accablant de nos fautes, avait une expression pleine de douceur. A droite et à gauche se trouvaient les deux gibets où furent suspendus le bon et le mauvais larron, le premier peint en vert, symbole de l'espérance, fidèle compagne du repentir ; le second, peint en noir, pour mieux marquer l'horreur qu'inspirent l'impénitence finale et le désespoir dans le crime. Ainsi tout était emblématique, tout parlait aux yeux, pour que le cœur fût plus profondément remué. On voyait aussi en ce lieu les statues de la Vierge Marie, de saint Jean et de Marie Madeleine, témoins illustres du grand drame de la Passion.

» Du pied de la croix la vue s'étendait au loin, jusqu'à une distance de plusieurs lieues, sur la campagne et sur la mer dont la ligne bleuâtre dessinait l'horizon. De la sorte, les navires rentrant au port de Saint-Nazaire après une longue traversée, ou cinglant vers des plages étrangères, ne perdaient pas de vue le signe du salut, et les navigateurs pouvaient saluer du regard et de la pensée ce phare protecteur dont la lumière a arraché les diverses nations du globe aux ténèbres de l'idolâtrie.

» Un jour avait été fixé pour la bénédiction solennelle du calvaire. C'était le 14 septembre, jour de l'Exaltation de la Sainte-Croix. La cérémonie devait se faire avec un grand apparat. Quatre ecclésiastiques étaient chargés d'annoncer la parole divine à cette immense multitude dont un seul prédicateur n'eût pu se faire entendre. Le Père Montfort attendait avec une pieuse impatience ce moment si désiré. Mais l'aimable Providence de Dieu, pour me servir d'une expression qui lui était familière, l'aimable Providence de Dieu ménageait à son fidèle serviteur une épreuve des plus cruelles, afin de mieux faire éclater son esprit de soumission. Il reçut tout à coup, de la part de l'évêque de Nantes défense de procéder à la bénédiction de la croix. Sur-le-champ il part pour la ville épiscopale afin d'obtenir du prélat la révocation de l'ordre surpris à la religion. Mais cette démarche fut inutile. L'évêque avait été malheureusement circonvenu par des intrigues jansénistes. On lui avait dépeint le missionnaire sous les traits d'un homme brouillon et remuant qui affectait la domination. C'est ainsi que de tout temps le zèle le plus pur pour la gloire de Dieu a passé aux yeux des hommes pour une coupable indiscrétion. Dès les premiers temps de la prédication évangélique, l'apôtre ne déclarait-il pas aux chrétiens que ceux qui veulent vivre avec piété seront persécutés ?

» Les Jansénistes dont le saint missionnaire s'était toujours montré l'intrépide adversaire, avaient eu recours à de lâches manœuvres pour remporter sur lui ce misérable triomphe. Ils avaient commencé par se prévaloir inconsidérément du nom du cardinal de Coislin, propriétaire de la lande de Pontchâteau, pour entraver ses desseins. Mais ce prince de l'Eglise, qui a laissé un nom justement vénéré, ayant donné par écrit son assentiment à ce dessein si pieux du Père Montfort, les ennemis de celui-ci s'adressèrent à l'autorité civile. Ils firent parvenir à monsieur de Château-Renault qui commandait les troupes stationnées dans la province une dénonciation en forme contre l'humble prêtre qu'ils transformaient, ou peu s'en faut, en chef de parti. Il se faisait suivre, disaient-ils, d'une foule considérable et construisait des forteresses avec douves et souterrains. Jésus avait de même été accusé de séduire les peuples. On prétendit encore, avec un peu plus d'apparence de raison que l'ennemi, en cas de descente sur le littoral, pourrait s'emparer de cette espèce de redoute et s'y fortifier.

» On sait combien le gouvernement de Louis XIV était jaloux de son autorité. La cour, prévenue par le marquis de Château-Renault, chargea un grand personnage que l'on ne nomme point, d'examiner l'état des lieux. Ce personnage se fit accompagner de quelques dames de haut parage, disposées à railler la simplicité de la piété bretonne. Montfort reçut froidement ces visiteurs que la dévotion ne guidait point en ces lieux et dont l'attitude lui sembla peu respectueuse. Le rapport du haut commissaire ne lui fut point favorable, la cour décida contre lui, et le commandant de la milice dans ces cantons reçut l'ordre de procéder à la destruction du Calvaire. On comprend dès lors pourquoi l'évêque de Nantes, en présence de ces fâcheuses mesures dictées par l'autorité, crut devoir, au nom de la prudence, enjoindre au missionnaire de s'éloigner de ces lieux.

» Louis XIV avait parlé. Il fallut obéir. Les paysans du voisinage, convoqués pour détruire l'œuvre de leurs mains, se réunirent sans savoir de quoi il s'agissait. Lorsqu'ils apprirent ce qu'on exigeait d'eux, il s'éleva de toutes parts un concert de plaintes, de murmures et de lamentations. Les voilà tous à genoux, versant des larmes amères et déclarant à haute voix, qu'on les mettrait plutôt en pièce que d'obtenir leur concours à une œuvre qu'ils jugeaient presque sacrilége. Les blasphèmes vomis par la soldatesque que le commandant avait amenée avec lui, leur faisaient surtout horreur. Pendant deux jours ils se refusèrent obstinément à tout travail. Pour couper court à cette désobéissance qui commençait à devenir inquiétante, le chef de la milice donna ordre à ses soldats d'abattre la croix. Les bons villageois craignirent de voir l'image du Sauveur se briser dans sa chute. Pour éviter ce malheur, ils s'offrirent alors à la détacher eux-mêmes. Cette descente de croix, au dire de témoins oculaires, rappelait celle qui s'opéra, il y a dix-huit cents ans, à Jérusalem, lorsque les disciples de Jésus-Christ reçurent dans leurs bras son corps défiguré par la mort; tant le respect et l'attendrissement de ceux qui se chargeaient de ce précieux fardeau avaient gagné tous les cœurs!

» On rapporte que Montfort plein de confiance dans le succès définitif de son entreprise, avait annoncé que le calvaire dont on s'efforçait de faire disparaître les derniers vestiges, serait rétabli jusqu'à deux fois. Cette prédiction se réalisa. En 1747, un de ses successeurs au gouvernement de la congrégation des Missionnaires de Marie, prêchant en ce même lieu, résolut de restaurer son œuvre. Il fit appel au zèle populaire : la foule témoigna l'empressement le plus louable, car la mémoire du « bon père Montfort » était demeurée en vénération dans ce canton. Le pieux duc de Penthièvre, alors gouverneur de Bretagne, donna en cette occasion des marques de sa munificence : il voulut poser lui-même la première pierre. C'était une réparation publique au doute injurieux jeté sur les intentions de Montfort. Les trois croix, jusque là soigneusement conservées, furent replacées en triomphe : les images des larrons et de la Madeleine reparurent sur la montagne. Enfin une chapelle fut érigée : elle dut contenir une représentation du saint sépulcre.

» En 1793, les révolutionnaires, portant une main impie sur ce monument presque séculaire de la foi des princes et des peuples, abattirent la grande croix, mirent le feu à la chapelle et bouleversèrent tout le terrain. Mais une nouvelle et éclatante réparation ne devait pas se faire attendre. En 1821, des aumônes considérables dues à la munificence de la famille royale et d'un grand nombre de personnes pieuses, des dons en nature et enfin le concours utile et gratuit des bons habitants des campagnes permirent de rétablir l'ancien calvaire. Il fut bénit solennellement, le 23 novembre de cette même année, par monseigneur l'évêque de Nantes, au milieu d'une foule qui fut évaluée à dix mille personnes. Depuis cette époque, ce lieu n'a pas cessé d'être fréquenté par de dévots pèlerins qui viennent y chercher la guérison de leurs souffrances corporelles ou des maux plus cuisants encore dont l'âme est atteinte. D'éclatantes faveurs ont plus d'une fois été obtenues sur cette terre sanctifiée par tant de prières, de travaux et de bonnes œuvres. »

Monsieur Bernard se tut. Toute la famille, dans l'attitude d'un pieux recueillement, visita en détail ce monument de la piété bretonne. Elle vénéra d'abord dans une chapelle située au bas du calvaire le Christ même que le vénérable serviteur de Dieu avait bénit, et qui depuis 1821 était suspendu sur la nouvelle croix. Par respect pour d'anciens souvenirs et dans la crainte de le voir subir l'injure du temps, on le descendit bientôt et on le déposa dans cette chapelle où il est attaché à une croix couverte de cœurs dorés. Nos pèlerins gravirent ensuite le calvaire; ils remarquèrent un Chemin de la Croix qui a pris la place de l'ancien rosaire composé de sapins et de cyprès. Parvenu enfin au sommet, ils jouirent d'une vue ravissante. Plongés dans une atmosphère vivifiante, dominant de loin les objets terrestres, ils semblaient respirer avec plus facilité, et avoir une vue plus claire de la petitesse des choses de ce monde périssable. Les hauts lieux, pour parler le langage de l'Ecriture, ont le privilége d'élever les cœurs et de les porter aux pieds de l'Eternel.

CHAPITRE IX.

Guérande et ses marais salants. Conversation entre les voyageurs et un inspecteur des douanes en tournée. Les *paludiers* et les *paludières*. Leur costume et leurs mœurs. Nouvelles attaques. Adroite diversion. Légende guerrière de saint Aubin.

Quelques jours plus tard nos voyageurs se trouvèrent transportés dans la plaine, tout près des salines de Guérande. Comme ils avaient mis pied à terre pour se délasser et examiner le paysage, ils aperçurent à quelque distance un personnage vêtu d'un habit vert et d'un pantalon bleu. A ce costume on eut bien vite reconnu un membre du corps honorable des douanes qui veille, non pas au salut de l'Empire, mais à la protection du travail national. C'est peut-être l'administration dont les attributions sont les plus importantes, au triple point de vue économique, politique et social.

Les autres administrations, en effet, ont surtout et presque uniquement en vue un intérêt fiscal : celle-ci, d'après l'élévation plus ou moins grande des droits, par les facilités qu'elle offre ou les restrictions qu'elle apporte aux différentes opérations commerciales, à l'importation, à l'exportation, à la réexportation, à la mise en entrepôt général ou partiel, réel ou fictif, au cabotage, à l'emprunt du territoire étranger, au transit enfin, exerce une influence immense sur la prospérité matérielle d'une nation, sur la formation, l'accroissement et la distribution de la richesse. Elle peut faire naître, elle peut tuer une industrie. Quelles conséquences en résultent, même dans la situation morale d'une contrée, et dans la nature de son gouvernement ! Suivant qu'on favorisera la production purement industrielle, ou la production agricole, la petite, la moyenne ou la grande propriété, on aura une nation et par suite des institutions démocratiques ou aristocratiques. Il faut, d'ailleurs, consulter le génie propre à chaque race, et les aptitudes qui découlent de ses traditions, de ses habitudes, de son tempérament, de son climat, de la configuration du sol, du développement des côtes, etc... Si l'on établit une législation douanière en conformité avec ces éléments, la nature sera calme et heureuse; dans le cas contraire, on ouvre l'ère des révolutions. Que de choses dans un tarif!

Le fonctionnaire que nous avons entrevu ne s'était peut-être jamais beaucoup livré à ces considérations générales; mais il connaissait son affaire, comme on dit, et possédait parfaitement sa partie. Occupant un grade supérieur dans son administration, celui d'inspecteur, il put donner et s'empressa de donner, avec la courtoisie qui caractérise en général ses collègues, tous les renseignements que la famille Ardant désirait. Nous transcrivons ici la conversation qui eut lieu.

— Voici un canton bien différent par son aspect, de tous ceux que nous avons visités jusqu'ici. Le sol ne s'y couvre pas de moissons jaunissantes, mais d'un sel éclatant de blancheur qui n'est pas une moindre richesse pour le pays. J'admire l'effet produit par ces innombrables *mulons* symétriquement rangés. On dirait, de loin, des tentes sur un champ de bataille.

— La diversité des productions indique la diversité de leur origine. Ce n'est point la terre, mais la mer qui donne naissance à cette abondante récolte. Par l'action combinée du soleil et du vent, l'eau de la mer introduite avec précaution dans la saline s'évapore peu à peu et laisse paraître le chlorure de sodium qu'elle tenait en dissolution. Le sel blanc, plus pur et plus léger, surnage à la surface; le sel gris, mêlé à des matières étrangères qui augmentent son poids, se dépose et séjourne au fond. Il se recueille sur de petits plateaux ménagés au centre et y reste jusqu'à ce qu'il soit *amulonné*. Cette partie de la saline prend le nom *d'œillet*.

— Je remarque, dit Alfred, que l'eau n'entre pas directement dans l'œillet. Elle fait de nombreux circuits avant d'y pénétrer.

— Sans doute. Elle passe ainsi successivement par divers degrés de concentration. La saline est, en général, un relai de mer de forme carrée ou à peu près, destiné à faciliter la cristallisation du sel. Elle se compose de plusieurs compartiments qui sont séparés par de petites digues hautes de trente centimètres, et fermées par de petites planches verticalement placées. Ces planches servent d'écluses et permettent aux *paludiers* de retenir les eaux nourricières et de les répandre à volonté dans la partie du bassin où le sel achève de se former.

— Qu'est-ce que ces *paludiers?* demanda mademoiselle Edmée.

— On nomme ainsi d'un mot latin qui signifie marais *(palus)* les hommes qui habitent ce canton marécageux et donnent leurs soins à la production, j'allais dire à la culture du sel. Bien que le métier qu'ils exercent paraisse malsain, à cause des exhalaisons de diverses natures qui se forment dans les salines, les paludiers de ce pays sont, en général, robustes et bien faits.

— Je croyais, dit Alfred, que les vapeurs salines ne

pouvaient être que fortifiantes pour le tempérament de l'homme.

— Je n'en sais rien. Mais toute atmosphère qui diffère de l'air ordinaire doit finir par affecter d'une certaine façon l'organisme. Au surplus j'ai parlé des exhalaisons de diverse nature. La mer, vous le savez, ne contient pas uniquement du chlorure de sodium ou d'autres substances analogues. Elle nourrit des plantes et des animaux variés que le flux pousse sur le rivage. Lorsque rien ne fait obstacle au reflux, ces êtres organisés suivent le mouvement de recul des flots et retournent en haute mer. Mais si l'eau salée est contrainte de séjourner dans les canaux multipliés où elle doit s'évaporer, les végétaux et les animalcules y sont entraînés avec elle, y meurent, se décomposent et deviennent alors autant de foyers d'infection. Voilà, je pense, pourquoi le séjour dans le voisinage des salines est, en général, considéré comme dangereux. Les paludiers combattent ces influences malfaisantes par un travail sans relâche qui exige un grand déploiement de force musculaire. Ce qui est certain, c'est qu'ils sont, ici du moins, plus vigoureux que les laboureurs.

— Il existe, dit l'antiquaire, une autre raison, une raison historique de cette différence très-réelle que vous signalez. Les paludiers guérandais descendent en droite ligne de cette bande de Saxons que les péripéties de la grande invasion des barbares avaient amenés, au IVᵉ siècle de notre ère, sur les bords de la Loire, et que saint

Félix, évêque de Nantes, convertit au christianisme durant le cours du VI⁰. Leur teint blanc et vermeil, leur chevelure blonde, leur taille élancée leur assignent, à n'en pas douter, une origine germanique.

— Si le type original ne s'est pas altéré chez eux, reprit l'inspecteur, ils ont du moins complètement oublié leur langue. Chose remarquable! ils ont adopté l'idiome celtique, qui était celui des populations armoricaines au milieu desquelles ils s'étaient établis. Aujourd'hui même plusieurs villages ne connaissent que le Bas-Breton. Les noms de toutes les localités voisines sont également bretons. Le costume des indigènes est aussi devenu celui de ces étrangers d'outre-Rhin. Voyez-vous cet homme avec son bragou-bras[1] ample et plissé, en toile blanche, ses guêtres blanches et ses souliers jaunes? N'est-ce pas ainsi, sauf son sarreau de travail d'une propreté irréprochable, que s'habille l'habitant du Finisterre. Il va tout à l'heure prendre en main la *lousse*, sa pelle plate en bois, et la *boguette*, pelle concave également en bois pour amonceler le sel. Quand sa tâche sera faite, si vous le suivez chez lui, vous le verrez se dépouiller de sa blouse et la remplacer par quatre gilets, oui, quatre gilets, n'ouvrez pas de si grands yeux, Mademoiselle, ces quatre gilets ont encore moins d'ampleur, que vos vastes crinolines.

---

(1) Sorte de larges culottes ou braies. Ce vêtement remonte aux Gaulois et est contemporain de la conquête Romaine.

Ecoutez bien : je vais les énumérer tous. D'abord deux gilets blancs, le blanc, vous le voyez, est leur couleur favorite, puis un gilet bleu avec des bandes vertes, et par-dessus tout un gilet rouge qui prend le nom de jupe ou *chupenn*. Le *chupenn* est plus court que les autres gilets, de façon à laisser voir à la fois toutes ces nuances si bien assorties.

— Quelle bizarrerie et quel mauvais goût! s'écria en éclatant de rire mademoiselle Edmée. Bleu, blanc, rouge, vert! Pourquoi ne pas s'affubler tout d'un coup d'un drapeau tricolore avec des palmes triomphales en guise d'accompagnement? Un gilet bleu et vert! Quel solécisme en fait de toilette! Le bleu et le vert ont-ils jamais pu se trouver ensemble sans faire disparate? Et les femmes de ces malheureux, Monsieur, j'aimerais bien savoir comment elles sont accoutrées.

— Je peux, Mademoiselle, satisfaire votre curiosité. De larges manches rouges, une robe blanche ou violette, suivant que celle qui la porte, est jeune fille ou femme mariée, des bas rouges, un tablier avec piécette de couleur éclatante brochée d'or ou d'argent, une ceinture appelée *livrée* de même apparence que la piécette, voilà la toilette des paludières. La coiffure mérite une description à part. Figurez-vous les plus beaux cheveux du monde, partagés en deux tresses, relevés en diadème, mêlés à des rubans de couleur blanche et retenues par un serre-tête en tulle garni de fine dentelle. Puis, pour couronner ce charmant édifice, une coiffe en batiste dont les barbes, petites et étroites, s'attachent sous le menton, les jours ordinaires, et flottent au vent, les jours de fêtes. Quand ces sortes de bandelettes descendent sur le cou, au-dessous de la tête élégamment et pompeusement encadrée, on dirait un buste d'Isis avec ses nattes multipliées.

— Je ne m'attendais guère à voir Isis en cette affaire, murmura Alfred entre ses dents. Mais si l'un tient à faire descendre les paludiers guérandais des anciens Saxons, je ne vois pas pourquoi un autre n'irait pas chercher en Egypte les grand'mères de ces jolies paludières.

Puis, élevant la voix :

— Monsieur l'inspecteur, dit-il, si le chapitre des chiffons masculins et féminins est épuisé, je me permettrai de vous adresser une question un peu plus sérieuse. Les modes et les costumes, c'est bon pour amuser les yeux et faire babiller les jeunes filles. Mais l'économie sociale a une tout autre portée : elle exerce la plus grande influence sur le sort des nations.

— Bien ! dit à mi-voix mademoiselle Edmée un peu choquée du sans façon avec lequel son frère ne craignait pas de traiter le grave sujet de la toilette, le voilà sur ses échasses ! Quelles enjambées va-t-il faire maintenant? s'arrêtera-t-il seulement avant de trébucher?

Alfred qui entendit cette observation peu courtoise,

n'eut pas l'air d'y prendre garde, et il demanda de sang-
froid à l'employé supérieur des douanes :

— Quelle est la production moyenne annuelle des
marais de Guérande?

L'inspecteur répondit :

— Année commune, on peut évaluer à 15 doubles
hectolitres la récolte d'un œillet. Le double hectolitre
équivalant à peu près à cent cinquante kilogrammes,
comme la partie principale des marais de Guérande
contient trente-six mille œillets, un calcul facile à faire
vous permettra de conclure qu'on peut en retirer plus
de quatre-vingts millions de kilogrammes de sel. Mais
il ne faut pas se fier d'une manière absolue à cette
estimation, par la raison que le rendement est très-
variable. Il dépend du degré d'humidité de l'air, des
alternatives de pluie et de soleil. Avant la réduction de
l'impôt sur le sel, la douane prélevait habituellement
une taxe de treize à quatorze millions de francs.
Voyez quelle immense ressource pour le trésor. Mais à
cette époque les paludiers menaient une vie misérable,
d'autant plus misérable qu'elle contrastait avec la grande
aisance dont ils avaient joui autrefois. Vous savez
qu'avant la Révolution, la Bretagne, en vertu des
stipulations précises du traité d'union, était exempte
de l'impôt du sel. Cette situation privilégiée constituait
une véritable richesse pour nos paludiers. C'était aussi,
il est vrai, une source fréquente de fraude et même de
contrebande à main armée,. cause de la ligne de

douane établie sur les confins même de la province. Depuis l'égalité de l'impôt, la Bretagne a beaucoup perdu. Aussi la diminution des droits qui a marqué ces dernières années a-t-elle été saluée par de justes et unanimes acclamations. Les paludiers jouissent, au surplus, d'un double privilége. En premier lieu, la circulation du sel est libre dans toute l'étendue du *grand marais*, de façon que les habitants ne paient aucun droit pour leur consommation personnelle. C'est ce qu'on appelle le *franc salé*. De plus, on leur a accordé, sous le nom de *troque*, la faculté d'exporter sans droit une quantité déterminée de sel contre l'importation d'une valeur équivalente en grains. J'ajoute aux renseignements qui précèdent que le paludier n'étant pas propriétaire de saline, n'a en sa qualité d'exploitant ou de fermier, que le quart de la récolte[1].

— Cette industrie est-elle très-ancienne dans le pays? demanda Alfred.

— On peut dire qu'elle se perd dans la nuit des temps. C'est la nature elle-même qui l'a indiquée aux habitants et qui leur a permis de s'y livrer, grâce aux révolutions géologiques qu'a subies le rivage. Tout ce terrain, en effet, était primitivement submergé, et la

____

(1) Les marais salants s'étendent jusqu'au Croisic et au Pouliguen. Le Croisic dont le nom signifie petite grève (*groaz*, sable) possède un établissement de bains très-fréquenté. Le Pouliguen (*poull guen*, baie blanche) offre une plage encore plus belle.

mer baignait de ses flots le plateau où s'élevait l'*oppi-dum* romain, nommé *Grannona,* non loin de la colline où nous voyons maintenant la ville moderne de Gué-rande. Sa situation sur les bords de l'Océan valut à cette localité une grande importance dont elle ne déchut que peu à peu durant le cours du moyen âge. Guérande était autrefois une des places de premier ordre du duché de Bretagne. Son enceinte actuelle, construite en belles pierres de granit, présente encore dix tours bien conservées. Elle date du règne de Jean V, et mesure près de quinze cents mètres de cir-conférence. Guérande a compté jusqu'à 12,000 habi-tants. Aujourd'hui elle n'en abrite plus que 2,000.

— C'est ainsi, se hâta de dire l'antiquaire, que se vérifie la loi du progrès. Qu'en dites-vous, beau neveu?

— Je dis, bel oncle, que si Guérande a perdu, Nantes a gagné.

— C'est-à-dire que vous faites consister le progrès dans un simple déplacement.

— Du tout. Car je maintiens que Nantes a plus grandi que Guérande n'a décrû.

— Soit. Mais alors cette prétendue loi humanitaire ne fonctionne qu'au profit des grands centres qui absorbent tout. Cette bicoque que nous avons sous les yeux fut jadis une cité importante. Je parierais volon-tiers qu'il s'y trouvait quelque curieux monument qu'on laisse maintenant tomber en ruine faute d'argent pour le réparer.

— Vous êtes à moitié dans l'erreur, reprit l'inspecteur des douanes. Il existe, en effet, à Guérande une collégiale consacrée sous le vocable de Saint-Aubin, et dont on attribue la fondation au roi Salomon qui vivait dans le IXe siècle. Une partie de l'édifice est visiblement romane : le reste, de construction plus récente, appartient à l'époque ogivale. On y remarque quelques vitraux bien conservés et une chaire intérieure sculptée en pierre. Ce monument, qui a subi l'injure du temps et de la guerre, a été depuis quelques années l'objet de réparations intelligentes.

— Vous voyez, mon oncle, dit en souriant Alfred, que notre âge n'est pas exclusivement démolisseur. Quant à l'église de Notre-Dame-la-Blanche, où fut signé en 1381 le traité qui mettait fin à la guerre de la succession de Bretagne, je voudrais bien savoir ce qu'elle est devenue.

— Elle sert actuellement de magasin, dit l'inspecteur.

— Vous voyez, mon neveu, que nous ne sommes pas essentiellement conservateurs.

A ce moment, madame Ardant qui s'aperçut avec peine que la guerre allait se rallumer s'efforça de détourner la conversation en s'enquérant si l'on ne pourrait point égayer l'entretien demeuré jusque là fort sérieux, au moyen d'une légende plus ou moins inédite.

— J'en sais une qui est, du moins, fort peu connue, dit l'antiquaire ; je l'ai lue en latin, dans les Bollan-

distes, où l'on ne s'avisera guère d'aller la chercher.
Elle a de plus, le mérite d'être fort courte. C'est le
récit d'un fait militaire. Le héros, fort pacifique durant sa vie mortelle, est le patron vénéré de la ville
de Guérande, saint Aubin, qui fut dans le VIe siècle
évêque d'Angers.

— Nous vous écoutons, dirent avec empressement
madame et mademoiselle Ardant.

— Je commence : C'était du temps des incursions
des Normands qui semaient le deuil et l'épouvante
dans notre malheureuse Bretagne. Les habitants de
la ville de Guérande assiégés par une bande nombreuse,
ne voyaient aucun moyen de résister à ces farouches
envahisseurs. Echapper par la fuite à la mort ou à la
captivité qui les menaçaient, il fallait y renoncer. Car
ils auraient été obligés d'abandonner à la rage sanguinaire des pirates leurs femmes et leurs enfants, qui
leur étaient plus chers que la vie. Dans cette extrémité
ils font appel à leur puissant et vénéré patron, saint
Aubin.

« Réunis au son de la trompette dans l'église qui
portait son nom, ils l'invoquent avec ferveur comme
leur appui, leur défenseur, leur chef et leur porte-
étendard. Le ciel leur envoya alors une généreuse
inspiration : ils y répondirent noblement. « Le courage
leur vint divinement », dit un vieil auteur, et ils se
sentirent tellement rassurés qu'ils prirent la résolution
de faire une vigoureuse sortie et de tomber sur les

barbares qui étaient fort loin de s'attendre à une pareille entreprise.

» Ils se préparent donc au combat, se mettent en ordonnance dans les rues. Puis, ayant abattu les ponts, levé les herses, ils franchissent les portes hardiment. En ce moment se montre à leurs yeux étonnés un inconnu « armé de toutes pièces, monté sur un bon coursier, la lance sur la cuisse, brillant comme le soleil. » Il leur dit que « puisqu'ils l'avaient pris pour patron et en ce grand danger appelé à leur aide, il n'y avait voulu faire faute, qu'ils eussent bon courage et le suivissent. » A ce langage, on reconnut le Saint qu'on venait d'invoquer. Les citoyens sentirent redoubler leur ardeur.

» Bientôt le combat s'engage. Les Guérandais, bien que fort peu nombreux et privés d'armes redoutables, font des prodiges de valeur. Frappé de leur invincible assurance, l'ennemi s'aperçoit que Dieu est contre lui. Saisi d'une terreur panique, il lâche pied. On poursuivit les Normands jusque sur leurs navires et on en fit un grand carnage : de leur côté, les Bretons n'eurent à pleurer aucune victime. Quant au brillant cavalier qui les avait conduits à la victoire, une fois le succès assuré, il avait disparu. Cet éclatant triomphe ne fut point évidemment obtenu sans une assistance spéciale du Très-Haut. Dieu ne refuse point son appui à ceux qui exposent vaillamment leur vie pour défendre leur famille et leurs foyers. »

CHAPITRE X.

Les terrains tourbeux de la Brière. Saint Nazaire et les paquebots transatlantiques. La croix des navigateurs. Des progrès de la civilisation matérielle. Suffisent-ils à la prospérité d'une nation ? Réponse de l'histoire et de la légende. La ville engloutie et le lac de Grand Lieu.

— Comme cet aspect est triste ! s'écria mademoiselle Edmée en jetant les yeux sur la plaine marécageuse qui s'étend de Saint-André-des-Eaux à Montoir et à Besné ! comment nommez-vous ce canton?

— C'est la *Brière*, vaste bassin tourbeux, très-curieux à voir de près. Descendons, s'il vous plaît, de voiture. Examinez de quoi se compose le sol. De détritus végétaux qui proviennent de forêts englouties à une époque très-reculée que quelques-uns pensent être le VIIe siècle. On a remarqué que les arbres que l'on retire de ce terrain sont tous couchés dans la direction du sud-ouest au nord-est. La lente décomposition de ces arbres plusieurs fois séculaires, et probablement aussi celle de certaines herbes marines, donne naissance à ce produit singulier qu'on appelle *tourbe*, et dont l'exploitation est une grande ressource pour les habitants. *Les biérons*, tel est le nom que portent ceux qui s'adonnent à cette industrie dans le pays, com-

mencent par enlever les gazons de la superficie, puis ils
taillent dans la partie inférieure du sol des mottes
de 16 à 18 centimètres de longueur, sur 5 à 6 de
largeur et 3 à 4 d'épaisseur, les laissent sécher au
soleil et à l'air libre, en gardent quelques-unes pour
leur consommation et expédient le reste à Nantes,
Vannes, la Rochelle et même jusqu'à Bordeaux. Ces
mottes sont le chauffage habituel du pauvre.

Peu après, nos voyageurs arrivaient à Saint-Nazaire.

— Admirez, s'écriait Alfred le front rayonnant de
plaisir, admirez cette création toute récente. Voilà
l'image du progrès moderne. Hier c'était un assez
chétif village contenant à peine neuf cents âmes.
Aujourd'hui vous avez sous les yeux une ville réguliè-
rement bâtie, comptant au moins huit mille habitants.
Un port inachevé où quelques barques de pêcheurs
trouvaient un abri peu sûr a fait place à un superbe
bassin à flot, le plus vaste qui existe en France. Ce
n'était pas assez : un crédit a été ouvert pour creuser
un second bassin. C'est dans leurs eaux tranquilles, le
long des quais magnifiques qui les encadrent, que
viendront s'amarrer les paquebots transatlantiques dont
Saint-Nazaire a été doté. Vous savez que ces paquebots
sont destinés à mettre la France en communication
directe et régulière avec l'Amérique. La ligne de Saint-
Nazaire aboutit aux Antilles. Les premiers navires sont
prêts ; ils ont déjà commencé leurs voyages. Les
autres doivent être terminés dans le délai de deux ans.

C'est en l'année 1862, que l'inauguration de ce service important s'est faite solennellement, avec le concours des célébrités de la presse et de l'industrie parisiennes, et des principales autorités de l'Empire. On a joyeusement festiné, prononcé d'éloquents discours et porté de chaleureux toasts à bord du paquebot en partance dont l'élégance et le luxe défiaient toute description.

Ce n'étaient que festons, ce n'étaient qu'astragales.

« Je reviens à la nouvelle cité. C'est en quelque sorte une œuvre américaine, à en juger par la rapidité de son développement. Que dites-vous de ces larges rues, presque désertes encore, mais tracées sur un plan grandiose, macadamisées, en attendant mieux, bordées d'arbres et de lanternes à gaz absolument comme ces boulevards de Paris dont elles rappellent les vastes dimensions? Quels splendides hôtels! On escompte déjà l'avenir. Mais l'avenir fera honneur aux demandes et répondra aux espérances du présent. »

L'antiquaire écouta d'un air froid cette tirade dithyrambique. Quand le jeune enthousiaste se fût tû, il le mena devant un calvaire qui s'élevait sur la rive droite du fleuve et lui dit ces simples mots :

— Jadis les navires qui passaient devant cette croix en cinglant vers des plages étrangères, ne manquaient jamais de la saluer d'une décharge de toute leur artillerie, pendant que l'équipage chantait d'une voix

émue le *Veni Creator* et le *Salve Regina*. De retour
d'une longue et quelquefois périlleuse navigation durant
laquelle ils avaient éprouvé la protection divine, les
marins chrétiens témoignaient leur reconnaissance en
réitérant la décharge de leurs canons et en entonnant le
chant joyeux du *Te Deum*. Ce calvaire est aujourd'hui
tristement délaissé. On ne s'occupe plus que d'intérêts
mercantiles et l'on néglige de remercier le Ciel pour ces
mêmes biens matériels qu'il nous prodigue avec tant
de bonté. Est-ce là un signe du progrès auquel vous
avez foi ?

Alfred parut contrarié de cette observation, mais il
ne répondit rien.

— Je pense, dit madame Ardant, que le progrès
matériel, s'il n'est accompagné du progrès moral et
religieux, est plus nuisible qu'utile, parce qu'il met
dans la main de l'homme des ressources plus grandes
dont il peut user pour le mal comme pour le bien. Il
en résulte alors un amollissement de mœurs qui amène
infailliblement la décadence des sociétés. C'est une
vérité historique incontestable. La légende s'en est aussi
emparée, pour en faire ressortir, à sa manière, un
précieux enseignement. Dans quelques jours, quand
nous serons sur les bords du lac de Grand-Lieu, qui
recèle, dit-on, dans son sein une ville maudite, je me
propose de vous faire connaître ce que la tradition
populaire nous apprend. De cette manière, moi aussi
je fournirai mon contingent.

Cette promesse fut accueillie avec reconnaissance. Aussi quand on se trouva sur les lieux où s'était accompli le terrible drame, madame Ardant fut sommée de tenir sa parole.

— J'ai feuilleté, dit-elle, quelques numéros de la *Revue de Bretagne et Vendée*. Dans ce recueil que je me permets de te recommander, mon cher fils, j'ai lu d'excellents articles dus à la plume élégante et chrétienne de monsieur le vicomte Sioc' Han de Kersabiec. En voici le résumé : vous trouverez, je crois, dans ce récit, avec des détails intéressants concernant le pays d'Herbauges, des vues morales très-saines et très-élevées sur cette grave question des jouissances matérielles qui est, on peut le dire, un des problèmes du jour. Je commence.

« Sur les bords du lac de Grand-Lieu, près du village du Pont Saint-Martin, vous apercevez un terrain bas que les eaux du lac, mêlées à celles de la rivière d'Ognon, inondent durant l'hiver. C'est ce qu'on nomme l'île ou le marais d'*Arbonne*. Là même, si l'on en croit les récits traditionnels et la légende écrite, s'élevait jadis une ville florissante où l'on jouissait de toutes les délicatesses du bien-être matériel. Mais la colère de Dieu l'engloutit parce qu'uniquement préoccupée des plaisirs de la terre, elle refusa de tourner ses regards vers le ciel. Certaines indications de la science archéologique viennent à l'appui de ces données populaires. Des retranchements en terre qui n'ont disparu

que depuis peu d'années, de nombreuses pièces de bois
et de grosses pierres extraites de çà, de là, semblent
attester la présence en ce lieu d'un *oppidum* gaulois,
détruit par une catastrophe, dont le souvenir est venu
jusqu'à nous. J'ai parlé d'un oppidum gaulois. On n'a
en effet trouvé que les matériaux usités par ce peuple
dans ses constructions. Nulle trace, d'ailleurs, de dé-
bris romains.

» Quel motif pouvait avoir engagé nos ancêtres à
fixer leur résidence en ce site désolé et perdu au milieu
des épaisses forêts qui couvraient alors le sol? On a
pensé que le soulèvement populaire causé par l'oppres-
sion impériale, qui se manifesta d'abord par la révolte
des *Bagaudes* au IIIᵉ siècle, puis par la formation de la
Confédération Armoricaine en 409, ne fut peut-être pas
étranger à la formation de cette agglomération d'habitants.

» La ville, aujourd'hui disparue, portait le nom
d'Herbadilla ou Arbadia[1], soit qu'on fasse dériver ces
vocables du celtique *ar bod*[2], le pays du bois, ou d'un
autre mot du même idiome *arabad* ou *arabadiez,* qui
signifie se livrer à des joies insensées, littéralement

____

(1) Ce pays se nomme de nos jours le pays d'Herbauges.

(2) Autrement *ar* ou *er boghen,* les bois, les *bauches,* le *bocage.*
Il ne faut pas perdre de vue que ce canton, situé au sud de la
Loire, faisait partie de la Vendée, dont il présentait tous les
caractères physiques et extérieurs.

s'ébaudir. Vous voyez que notre vieux français reproduit l'image fidèle et comme le calque de la langue de nos pères.

» La tradition porte, en effet, que les habitants, corrompus par l'excès de la civilisation matérielle, qui ramène souvent à la barbarie, emportés pour ainsi dire par cet esprit de vertige qui saisit les populations en décadence, menaient une vie toute sensuelle et se montraient fort attachés aux pratiques superstitieuses de ce culte hybride, né de la conquête romaine, qui associait par un mélange bizarre les éléments hétérogènes du polythéisme et du druidisme. On remarque encore dans le pays des traces nombreuses de la religion celtique, et notamment de ces honneurs rendus aux arbres, aux pierres et aux fontaines, qui provoquèrent pendant si longtemps les anathèmes des conciles. Ainsi les fontaines de *Gauchou* et de *Rachou* sont restées de nos jours l'objet d'une sorte de vénération qui me paraît suspecte. Dans l'une, on jette des pièces de monnaie, des épingles, qui, suivant la manière dont elles descendent au fond, dévoilent l'avenir, et des couteaux ouverts pour *couper* la fièvre. Je note au passage cette expression, *couper la fièvre,* que le langage médical a conservée, et dont l'origine, comme vous le voyez, est purement gauloise. Quant à la source de *Rachou,* elle reçoit des linges qui ont la vertu de préserver les enfants de la maladie que dans nos campagnes on appelle la *rache.* On trouve enfin des pierres sacrées, une forêt connue dans le moyen âge sous le nom de *bois du mensonge*.

» Or, il y avait, en ce temps-là, dans la ville de Nantes, un homme vénérable du nom de Martin, « illustre par sa naissance, mais plus encore par les fleurs de sainteté que produisaient ses vertus. S'étant livré à l'étude des arts libéraux et exercé aux combats oratoires, il devint l'un des plus versés dans les voies de la sagesse, et par là fut réputé le prédicateur le plus apte à faire des conversions. Le bienheureux Félix qui alors tenait la chaire épiscopale de Nantes et avait autorité sur lui, l'envoya pour convertir le peuple de la ville d'Herbadilla qui brillait par son luxe et s'estimait plus heureux de ses richesses que malheureux des erreurs qui l'enveloppaient. Mais le pieux évêque, ayant pitié de leur ignorance, leur envoya Martin pour leur insinuer la lumière de la vérité. Ce saint homme, entrant dans la ville, se met avec ardeur à exposer sa doctrine, et promet hautement, à ceux qui croient, les joies du royaume céleste, et annonce aux incrédules les tourments affreux de l'enfer. Mais ce peuple insensé l'accueille par des rires immodérés. » Aveugle, qui ne soupçonnait pas le péril affreux dont il était menacé!

» On raconte que les habitants de la ville coupable joignirent à l'insulte le refus de l'hospitalité. Un homme seul, et celui-là était pauvre, eut pitié du missionnaire et lui offrit son toit pour abri. En récompense de sa charité, Dieu lui octroya la lumière et il crut à l'Evangile. Sauf cette unique exception tous les citoyens d'Herbadilla furent condamnés à périr. Martin qui prévoyait leur funeste destinée, éleva son cœur à Dieu et partit en toute hâte de la ville maudite avec la famille de son hôte.

» Or, il arriva que comme les fugitifs suivaient la route qui est devenue depuis la rivière d'Ognon, ils entendirent un bruit épouvantable qui les fit tressaillir. Signal effrayant de la catastrophe finale ! La terre s'était entr'ouverte et avait englouti dans son sein la cité rebelle. A la place qu'elle occupait s'étendait ce beau lac dont nous admirons maintenant les eaux tranquilles et les bords ombragés.

» Je ne sais, si je me trompe, dit en terminant madame Ardant ; mais ce récit me paraît à la fois une figure et un présage du sort terrible qui attend l'humanité, si elle continue à marcher dans l'oubli de ses destinées immortelles. Elle érige en maxime l'horreur des souffrances et la recherche exclusive du bien-être. Je crains fort qu'elle ne trouve dans son crime même un châtiment mérité. Car ce nouvel évangile matérialiste qu'elle prêche imprudemment à toutes les classes de la population est fait pour provoquer une révolution sociale. Les premières victimes du cataclysme seront précisément les privilégiés qui abusent des avantages d'une civilisation dont ils sont si fiers. »

Cette réflexion grave et triste de madame Ardant avait produit dans son auditoire une sorte d'émotion religieuse. Les fronts s'étaient légèrement assombris. Pour ramener la sérénité et faire diversion, Alfred demanda si le fait de la destruction de la cité d'Herbauges reposait sur des fondements historiques.

— Non pas absolument, reprit madame Ardant. Mais si l'histoire proprement dite ne l'enregistre pas dans ses annales, elle mentionne des événements qui, par la concordance des dates et l'analogie des circonstances, établissent la probabilité de celui qui nous occupe. Grégoire de Tours parle de cataclysmes considérables qui dévastèrent la Gaule dans le cours du VI° siècle, époque où mon récit vous a transportés. C'est une montagne située sur les bords du Rhône qui s'écroule avec fracas dans le fleuve et en refoule violemment les eaux jusque dans la ville de Genève qui se trouve inondée. C'est l'Auvergne ravagée par une maladie pestilentielle. Ce sont des tremblements de terre à Angers, à Bordeaux, à Soissons dont les murailles sont renversées. Ce sont enfin des ouragans qui couchent des arbres par terre, rasent des maisons au niveau du sol et coûtent la vie à bien des hommes. La foi des peuples vit dans ces catastrophes multipliées des marques de la justice divine, et ce n'était point sans raison. Car Dieu qui ne recule pas devant les miracles quand ils sont devenus nécessaires, use souvent de moyens purement naturels dont l'esprit de l'homme, qui est si borné, ne peut ni prévoir ni conjurer l'emploi, et par une conduite admirable de sa providence, fait concourir des événements divers à l'accomplissement de ses desseins éternels. C'est une grande terreur pour l'impie, mais aussi une puissante consolation pour le juste de pouvoir à chaque instant se dire : Je suis dans la main de Dieu !

FIN.

TABLE.

Tournai, typ. Casterman.

www.ingramcontent.com/pod-product-compliance
Lightning Source LLC
LaVergne TN
LVHW021851170726
843503LV00003B/1172